这才是
高情商
养育

著

心理学
育高情商孩子

世界图书出版公司

北京·广州·上海·西安

图书在版编目（CIP）数据

这才是高情商养育：儿童心理学帮你养育高情商孩子 / 叶壮著. —北京：世界图书
出版有限公司北京分公司, 2021.9
ISBN 978-7-5192-8914-0

Ⅰ. ①这… Ⅱ. ①叶… Ⅲ. ①家庭教育–教育心理学 Ⅳ. ① G780

中国版本图书馆 CIP 数据核字 (2021) 第 177037 号

书　　名	这才是高情商养育：儿童心理学帮你养育高情商孩子	
	ZHE CAISHI GAO QINGSHANG YANGYU:ERTONG XINLIXUE BANG NI YANGYU GAO QINGSHANG HAIZI	
著　　者	叶　壮	
责任编辑	尹天怡　　张保珠	
策划编辑	花小川	
封面设计	守　约	
出版发行	世界图书出版有限公司北京分公司	
地　　址	北京市东城区朝内大街 137 号	
邮　　编	100010	
电　　话	010-64038355（发行）　64037380（客服）　64033507（总编室）	
网　　址	http://www.wpcbj.com.cn	
邮　　箱	wpcbjst@vip.163.com	
销　　售	各地新华书店	
印　　刷	北京盛通印刷股份有限公司	
开　　本	880 mm × 1230 mm　1/32	
印　　张	8	
字　　数	135 千字	
版　　次	2021 年 10 月第 1 版	
印　　次	2021 年 10 月第 1 次印刷	
书　　号	ISBN 978-7-5192-8914-0	
定　　价	49.00 元	

如有质量或印装问题，请拨打售后服务电话 010-82838515

前 言：情商是一种能力

打开这本书的你，也许是一位家长，孩子最近不省心，而你希望孩子能在情绪上有好的表现；或者你是一位需要和孩子打交道的教育工作者，孩子们的情感问题是你每天工作中必须关注的；或者你关注发展心理学和教育心理学领域，想要了解更多相关方面的知识。

不管你是谁，我想你一定跟我一样，认同这么两点：情商对于孩子来讲，是一种重要的能力；情商是可以有意识地培养的。

而这本书，就将系统地探讨情商到底如何影响孩子，以及我们该以怎样的手段帮助孩子提升情商素养。

在我看来，市面上绝大多数的养育书籍都聚焦于两种能力：一种叫作基础能力，就是儿童发展出各种能力的基本土壤，比如认知能力、记忆力和专注力；另一种叫作成就能力，就是儿童可以精进的专项能力，比如逻辑能力、审美能力和表达能力。这两者有点像我们大学的通识课和专业课的区别。

但你手上的这本书，将着重探讨第三种能力：情商。它是一种"催化剂"能力，上面说到的两种能力，如果缺少了"催化剂"，就根本无法真正地发挥出来。就像做面包时的发酵粉，如果没有它的话，面粉、黄油是无法变成膨松可口的面包的。

作为在教育领域从业多年的人，我一直坚信每一个孩子都有独到之处，"天生我材必有用"是实打实成立的。但是如果没有高情商的支持，任你有多大的才华，表现起来都会打折扣。就好比一个孩子本就有弹钢琴的天赋，可如果在学习的初期因为缺少情感上的自信心，练了两次就放弃，连入门的门槛都没迈过去，那岂不可惜？纵然熬过了这个阶段，比如某家孩子从小就擅长拉小提琴，但到了大演登台、参赛考级的时候，如果在公众面前没有很好的心态加持，照样难有上佳的表现。

"情商"说到底，就是广大家长在育儿过程中，必须认识到的一种"必备调味品"，看"养育"二字，养的时候如果大鱼大肉、精米细面但就不加盐，你看这孩子吃不吃？至于育的时候，也是如此。

除此之外，"高情商"并不仅指自信、勇敢以及会说漂亮话等简单内涵，它还涉及抗挫折的能力、在同伴关系中处理矛盾的能力、对别人主动施加影响的能力。

而这些能力，又是所有家长在育儿过程中都逃不掉的考验。

纵然你有万贯家财，也没法保证孩子一生不受挫折，他早晚要体验到自己能力的边界、来自外界的质疑和失败体验的无情摔打。就像母乳能给新生儿提供足够的免疫力，但没哪个孩子能一辈子不断奶一样，该来的感冒迟早会来。所以，帮助孩子在心理上"断奶"，让他自己保持乐观是每个家长的必修课。

与此同时，孩子身心能力存在培养的关键期，比如语言发展、专注力的培养以及精细化动作的训练，但情商却没有一个绝对的关键期。它是伴人终身，而且随着人的阅历会有所波动的一种心理特质。也恰恰因为情商是一种值得也能够从小就培养的东西，所以这本书里的知识给家长带来积极影响的"收益半衰期"也会很长——它不是那种过了这村就没这店的紧俏能力，但它的培养和塑造有着典型的先发优势。

而这本书的成因，恰恰就是情商对于养育，有着举足轻重又足够特殊的作用。

我专攻家庭微观关系领域，基于心理学的教养方法是我主要的研究方向。同时，我是两个孩子的父亲，曾经也是一名从事基础教学工作的教师。最近 10 年，我一直在做教育心理学与家庭教育的科普写作和培训授课工作，现在我每年的培训时间，大概有 180 天。

当然，培训和科普都是工作，而我特别开心的一点是，我工作的动力和素材，其实都来自家庭，我家大儿子今年 5 岁，正处于给心理打基础的重要年龄段；二儿子刚过 1 岁，也恰恰是开始有情绪表现的时间节点了。

某天早上刷牙时，我跟同为心理学工作者的老婆聊天，我说："我最希望孩子拥有的心理品质，其实就是对自己情绪的把控能力，它意味着你信任自己，同时也信任外界；意味着你能获得勇气，同时也不会被失败击垮；甚至很大程度上，它是你好好活着的原动力。"

这个场景我记得很清楚，因为一般很少有夫妻会在刷牙的时候聊这些。

很多人对于"情商"这个词汇的第一反应是，很抽象、有点温度，但又不知道其具体所指。然而实际上，经过几十年的心理学研究，"情商"已经比 20 世纪 70 年代刚刚出现的时候，深刻了很多。现在，这个词语满带着科学的质感与理性的光芒。

要知道，高情商不仅仅与人的基因有关，也无法单靠养育者的爱意像孵蛋一样孵化出来。并且大多数人，甚至我自己，也曾经对它有过很多这样那样的误解，而这些误解一不留神就会变成养育的陷阱。

第一，情商在本质上，是一种内隐能力——它并不是有礼貌、敢上台、会说话本身，而是这些行为的心理内核。

人有很多值得追求的优秀品质。一些是显性的，从我们上幼儿园那天起，就被不同的老师用不同的方式教导着，能够很直观地转化成具体的行为，比如懂礼貌、好学、守纪律，你只要够努力，肯定能够做到见到老师打招呼、勤勤恳恳做笔记、上课的时候坚持不开小差。

然而，还有一些品质是隐性的，我们能够理解它很重要，也知道它大概指的是什么，但每每到了该表现的时候，却不能随心所欲地展现，甚至不知道究竟该怎么做才算得上及格的表现。

其中，最典型的一种就是"情商"了。你并不能想有情商就有情商，你也并不能想有多么高的情商，就有多么高的情商。高情商表现的到来往往不过脑子，直击心灵，它没法刻意，不能委屈，你没法在自己本身是否具备高情商这件事上骗自己。

情商并非一种招之即来的心理能力。在面对挫折、困境与烦恼的时候，你并不是想情绪好就能情绪好起来的，对于绝大多数人来说，这个心理特质的运用非常随缘。

比如现在有很多"玻璃心"的孩子，遇到一点小挫折，就会有过激的反应。如果你冲他们高喊"情绪状态好一点！坚强点！面包会有的！牛奶也会有的！"，放心，这不会起任何作用。这些话语对于情商的展现来说统统都是亡羊补牢。情商不是一种你在挫折过后努努力就能表现出来的能力，它得益于平时的积累与培养。把情商培养成孩子具备的内隐能力，待到真的遇到挫折，不消多说，孩子自然就有迎难而上的阳光状态。

在接下来的内容里，我们并不会谈有关"出事儿了怎么办"的话题，而更多地会着力于让养育者在日常生活中把工作做到位，让高水平高储备的情商成为一个蓄势待发的强力弹簧——一种自动触发的内隐能力。

第二，情商是一种泛化能力。高情商并不只是简单的"心态好"。

我们首先要确立这样的认识：培养高情商的孩子并不等同于培养一个心态良好的"佛系"孩子。

情商是一种泛化适用的能力，如果一个孩子具备了高情商，他便可以应用于学业、社交、兴趣等方方面面。独立存在的情商本身是没有任何意义的，它是人们心灵中的盐，能给每一道与之结合的菜品提升口味，增加营养。

对于这个时代的孩子，这种盐分是种刚需。

一方面，在成就领域。这里所说的成就远超狭义的"学习好"。并非每个孩子都要上常青藤与清华、北大这样的名校，但每个孩子都应该在生命发展的历程中找到自己的兴趣与特长。可是在通过刻意练习精进自我的历程中，没有谁是一帆风顺的，而高情商水平，就是从失败中汲取教训的水泵。"失败是成功之母"，这句话的成立有一个重要的前提：在成功之前，你没有被失败打趴下。而想让失败不至于变成一记记躲不过的重锤，继而更多地转化为经验与教训，那就必须培养出足够豁达、积极的心性。

另一方面，在情绪领域。你肯定在地铁里见过抱着书打瞌睡的中学生吧，每每见到这样的十几岁的少年，我就满心感慨——"都不容易"。他们年纪比我小得多，但压力却未必比我小多少，没准儿比我还担负着更大的责任、被寄托更多的希望。在这个时代，孩子们早早地就被迫接受了各种各样的任务与竞争。就像一次严峻的登山比赛，爬山本来就够难了，奈何还要竞速。在这种情况下，好的情商储备就成了一支不可或缺的能量棒。对表现不佳的孩子来说，它促使他们不要放弃，对表现一般的孩子来说，它带领他们冲进自我精进的良性循环。那如果你家有一个表现优异的孩子呢？在我看来，他也许更需要拥有高情商。因为很多优秀的孩子其实都有点类似哈利·波特的好朋友赫敏·格兰杰——优秀、主动、竞争意识强，但是促使她奋发向上的，其实更多的是对失败的恐惧。要知道，恐惧的确有强大的力量，而一旦习惯于恐惧，则心智和大脑都将承受巨大的风险。在优等生纷纷遭遇更大情绪问题的今天，如何帮助孩子战胜恐惧呢？那就需要极为强大的情绪管理能力。

带着"为了高情商而培养情商"的态度去影响孩子，并没什么意义，情商总要附着在一些客体之上，才有价值。比如，学业、体育、兴趣、社交、自我认同等诸多方面，这些都将成为情商这种能力的有效出口。

第三，情商的表现也讲求一个"恰到好处"，比如，谦逊是好的，太过谦逊就显得没有竞争力；好强是好的，但太过好强，就容易无法正视失败，伤到自己。从这个角度来讲，情商还真不是越高越好，而是需要"刚刚好"。

面对很多需要以恰当情商相待的事情，作为大人的你，其实偶尔也会充满犹豫：到底怎样应对才算是"刚刚好"的表现呢？

比如：我该不该在吃汉堡的时候，坚信自己的减肥大计依然能成功呢？当我被老板狠批一顿时，我是否应该认为，他只是个根本没意识到我有多优秀的混球呢？如果那场与我职业生涯高度相关的考试，我又一次没通过，那我该不该咬咬牙再战一年呢？

现在有很多鸡汤书与鸡汤文，倡导着一种危险的"情商越高越好"的论调，这种无上限的情商其实没那么多的好处。举个例子，如果你培养的孩子总是对事物的"结果"很有信心，比如，他会想——老师会把上次给我提的要求忘了；论文最后一天写也照样来得及；我这只是虚胖等，那他在个人认同方面的情商其实并不健康。真正的高情商应该是对做事的"过程"保持信心——我有能力达到老师的要求；今天去查查文献一定会对写论文有帮助；今天天气不错，我状态也很好，那再多跑5公里吧！

与情商相关的取舍、边界和取向还有许多门道，我们有必要把孩子培养成"理性的高情商"，而不是什么眼高手低、自命不凡的同时还不接地气的人。

所有人都知道，情商这东西，不赖。但坏消息是，并不是所有父母都知道，情商的培养机制和日常储备到底是怎样完成的。万幸还有个好消息，好的情商是一种可以学到的技能，更是一种可以从小就加以训练的技能，这就是我要写下这本书的原因。通过这本书，让家长、教育工作者，甚至一些自认情商不够高的成年人，进一步理解情商到底是怎么从无到有，从弱到强的，以及怎么才能从初窥门径到运用自如。

目　录

第一章　今天的高情商，意味着明天更幸福　001

什么才是值得培养的情商？　003

如何用科学手段提升情商？　014

第二章　如何培养自我认同？　015

为什么要培养孩子的自我认同？　017

孩子爱说"不"怎么办？　025

如何应对孩子的"不"？　030

孩子太悲观怎么办？　034

怎样夸出自信的孩子？　042

什么样的夸奖算是好夸奖？　048

如何不让孩子"翘尾巴"？　060

孩子抗挫力差，怎么办？　071

怎样培养孩子自己的事情自己做？　080

如何提高孩子的主动性？　089

第三章　如何让孩子拥有好的人际关系？　097

人际交流的三个关键词　099

孩子爱发脾气，怎么办？　111

孩子是颗"黏黏糖"，怎么办？　127

孩子情绪管理能力差，怎么办？　136

第四章　如何更好地让孩子融入群体？　145

三个关键词：处理矛盾，亲社会行为，遵守规则　147

别人家的孩子一起玩，我家孩子一旁看，怎么办？　155

"窝里横，人前尿"的孩子怎么办？　163

孩子对别人的看法总是"无所谓"，怎么办？　171

第五章　如何提升孩子的影响力？　179

两个关键词：领导才能，公众表达　181

孩子是个"空心人"，怎么办？　188

孩子"说不出个所以然"，怎么办？　192

孩子不善表达，怎么办？　195

怎样帮助孩子更好地登台表演？　203

写在最后：愿你也能培养出高情商的孩子　217

附录：能提高孩子情商的小游戏　225

悬崖站立　227

神笔复原　230

情绪剪影　233

我来当"头"　236

第 一 章

今天的高情商，
意味着明天更幸福

什么才是值得培养的情商？

谈到孩子情商这个话题，家长们往往觉得自己特别有发言权。

他们会说："你看我，就特别在意对我家孩子的情商辅导！我给她报了专门的情商课，她在幼儿园时，我还给她报了专门的朗诵课和表演课，上了小学后又给她报了小主持人培训班。说实话，我就是为了让孩子大大方方地培养出很好很高的情商！你要谈的这个情商，是不是也是这个？"

也是也不是。

情商并不是外卖套餐，仅仅靠一系列具体行为组合就行。如果一个孩子爱打招呼、愿意侃侃而谈、在上台表演节目的时候从不怯场，当然很能说明这个孩子在社交能力上和表达上非常不错。但情商并不是这些行为的简单集合，它有一个复杂的心理模型。相应地，家长对情商理解的深度，直接决定了对孩子情商培养的质量。

毕竟，如果你在认知上比较肤浅，在培养孩子情商方面往往也就相对低效。

说句实话，今天的大多数家长，在孩提时代，就是非常缺乏情商教育的。这也很好理解：在我们这些"考一代"的小时候，家长们会在意我们英语学得好不好，奥数能力强不强，甚至有没有掌握一门乐器——但未必会在意我们与人打交道的能力。

所以作为成年人，身处今天的职场以及其他圈子中时，往往会发现很多人害羞、很多人焦虑、很多人佛系、很多人"玻璃心"，其根本原因，在于他们在小时候接受的教育——过度在意能力，而忽视情商。

关注这个话题之前，先要了解情商的四个层级。

情商的四个层级

你可以把儿童的情商表现看作一个四层的金字塔。它的构成是这样的（见下图）。

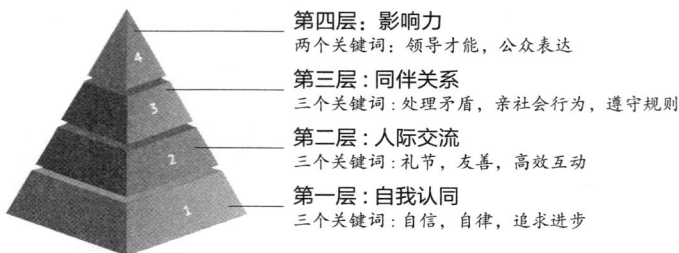

第四层：影响力
两个关键词：领导才能，公众表达
第三层：同伴关系
三个关键词：处理矛盾，亲社会行为，遵守规则
第二层：人际交流
三个关键词：礼节，友善，高效互动
第一层：自我认同
三个关键词：自信，自律，追求进步

儿童情商的金字塔模型

第一层：自我认同。

指的是一个孩子如何认识自己，怎么管理自己，知不知道自己的目标在哪里，以及如何努力追求进步等一系列问题。

它们都属于一个人跟自我之间的关系，而在这一层里，讲究三个方面：自信、自律与追求进步。自信意味着孩子对于自身能力和潜质的认可，自律意味着具有发挥能力与挖掘潜质的可能，至于追求进步，则是一个人能够"精进"的内在前提。

第二层：人际交流。

情商在这里已经上升到了最为大众所理解接纳的层面，也就是孩子与其他个体之间的交流。在人际交流层次，也有三个方面，第一是礼节，就是要懂礼貌；第二是友善，指的是能不能带着积极的心态去跟他人打交道；第三是高效互动，能不能有活力、高效地跟他人互动。

第三层：同伴关系。

人类是群居动物，这一点上，我们的孩子跟我们没啥不同。迟早有一天，他们会投入一个我们融不进去的群体，比如他上了幼儿园，进入一个有十几个孩子的班级，你总不能也天天跟着去听课。自然而然地，孩子要学会怎样处理跟别人的矛盾，怎样融入群体，怎样遵守群体的规则。所以，在这个层级，要做到三个方面：处理矛盾、亲社会行为以及遵守规则。处理矛盾是因为在同伴关系中，不可能每一件事都能做到多赢，有矛盾是一件必然的事情——从幼年时期的抢玩具，到成年后的闹情绪。很多时候，情商考验的是人的矛盾处理能力。亲社会行为则指的是利他、分享等有助于积极社交的行为。至于遵守规则，则是因为人在群体之中，要默认遵守一些约定俗成的规则，才不至于有那种比较"尴尬"的行为表现，以至于不被群体接受。

第四层：影响力。

作为情商表现的最高层，它越来越受重视。影响力，指的是孩子能够对他人施加影响的能力，比如我们的孩子在未来是否具有领导才能，或在演讲的时候，能不能做到不怯场，而且干货满满。在这个层面，有两个要点，第一个是领导才能，指的是对于团队与他人在行为上的影响效力，从我们小时候身边的"孩子王"，到长大进入公司后见到的"好老板"，他们都是因为有着不错的领导才能，才让影响力得以表现。第二个是公众表达，它则是另一种高情商的表现能力：你不一定要成为领导者，但一定会碰到需要在不少人面前高效表达的情况，这时，高情商依然可以助你一臂之力。

这四个层级囊括了人与人打交道的方方面面。我一直说，人一辈子做的所有事情，无非就是两样，一样是跟自己打交道，另一样是跟别人打交道，而这两样事所依托的，都是情商。

情商发展的三个节点

你不是来观摩金字塔的，而是带着孩子来征服它的。

顺着金字塔一步步往上爬，不仅累人，肯定还有挑战。大老远看金字塔一览无余，并不意味着爬起来就不费力。所以，在认知到金字塔全貌的同时，我们第一件需要知道的事情是，在情商发展中，那些典型的转折点在哪里。这就像爬珠峰需要找准补给点、扎营地，才能让登顶更顺利。

第一，孩子突然特别爱说"不"。

这是情商发展的第一个坎儿。

孩子是妈妈身上掉下来的肉，不仅如此，在出生后的很长一段时间里，孩子其实并不会意识到，自己跟妈妈其实是两个人。孩子自己想玩的时候，觉得别人也一定想玩，所以他没法去"想想别人的感受"。

终于有一天，他知道了，什么叫作"我"，很快又知道了，我跟爸爸妈妈不一样，我跟别人也不一样。往往这时候，就进入了"可怕的两岁，要命的三岁"阶段。

这叫作"心智理论"，是情商与社交的一大基础，如果你连自己有什么特质、什么优点、什么软肋都不知道，你也就没"自我"了，更遑论什么人生目标、远大理想和做事情的主动性了。那以后该怎么投入更加复杂的社会环境中呢？很多心理学家认为自闭症患儿之所以社交能力偏低，就是因为这种"心智理论"的发育不够健全。

但这样一个重要的技能，它的萌芽却往往会让家长很不爽，因为它看上去，好像是孩子一夜之间就"熊"了起来，变得"不听话"了。

两岁孩子最喜欢说的，恐怕就是"不"。自从学会了这个可以表达拒绝的词汇，他们就似乎不可救药地爱上了它。"我！不！要！""不行！""就不！"是我家孩子两岁时非常喜欢使用的词。一度气得我凶他："张口就是'不不不'，你干脆给我改名叫'叶不不'算了！"

其实说"不"最大的功能，就是凸显一个人的自主性，这就是情商模型的第一层。服从不能表现一个人的独立性，但拒绝可以，而孩子们在建立自我观念的重要阶段，尤其喜欢用说"不"的方式来锻炼自己对当下局面的掌控。只是这种练习往往太过频繁与斩钉截铁，很容易让家长崩溃。

因为命令式的语句更容易遭到拒绝，很多时候，家长也会使用一些说话技巧，比如把"好好吃饭！别弄那么脏"变成"如果你吃饭的时候注意干净整洁，妈妈会很高兴的哦"。但这些话有的时候好用，有的时候却未必产生作用。

其实，与其把话说得漂亮，不如让出一些选择权给孩子自己。比如别再问孩子"吃不吃饭"，可以问孩子"你想吃花菜还是土豆""你喜欢用盘子还是用碗"。这样就更不容易遭到拒绝，也很好地保护了孩子的主动性。

当然更细致的解决方案，我们会在随后的章节中专门探讨。

第二，原本乖巧的孩子突然变得很没礼貌。

如果说"不"是自我意识的觉醒，能够帮孩子迈上金字塔的更高一层，那接下来，还需要掌握的就是，在人际交流与同伴关系中，在评估自己之外，学会如何评估他人。换句话讲，学会"看人下菜碟"，这是社交成长的重要一环。

对方是什么样的人？他的行为有怎样的特点？他喜欢不喜欢我？他有没有攻击性？——这些都是问题。

如果相处的对象是妈妈，那当然没问题，大家毕竟都这么熟了。但如果今天与你打交道的对象是一个陌生人呢？

就像你刚刚拿到驾照就开车上路，你紧张、害怕，即使别人最标准的并线，也会让你出一身冷汗，你开得慢而小心，但还是会在倒车入库的时候蹭到车屁股。

放到孩子对社交的学习过程中，这就成了"陌生人焦虑"。

无奈的是，很多家长以为孩子本就不该有陌生人焦虑。

带孩子出门，或家里来人，爸爸妈妈总会督促孩子："乖，快向叔叔阿姨问好！"这时孩子要是甜甜地说一声"叔叔、阿姨好"，家长就觉得特别有面子，这孩子果然懂事，肯定人见人爱。可如果孩子一直紧闭着小嘴，扭扭捏捏不肯打招呼，有些家长就觉得很尴尬，难免会责怪孩子："你怎么这么没礼貌？"

可深究不打招呼、没礼貌的原因，与其说这是因为学会了"叛逆"，倒不如说这是孩子自我意识觉醒的一种表现。孩子意识到了你我有别，但还没有那么熟悉社交规则，不知道跟陌生人打了照面要热情友善，这不是孩子不懂事，恰恰是孩子长大了的一种表现。

其实这就是我们在情商金字塔的第二层要探讨的问题。在孩子们学习如何社交的过程中，家长们最大的问题在于：还没有教会孩子社交规则时，就用成人的社交标准来要求孩子。作为家长，若我们希望孩子友好而热情地对待他人，我们就应当为这种友好与热情提供基本的保障。

当然，还是有一些方法可以帮助孩子更好地熟悉社交规则的。

比如，郑重地介绍双方，可以为孩子打招呼提供实际入口。很多家长并没有意识到，当孩子萌生了自我意识后，我们便不能在很多场合再将他仅仅看作一个孩子了，他已然是个独立个体，他配得上一次郑重的介绍。

大家平时见个要打交道的陌生人，首先都需要介绍双方彼此认识，这是社交的起点。要是劈头盖脸没来由地就被要求喊"叔叔阿姨好"，谁都不愿意。当正式引见了双方后，我们可以让孩子自己选择打招呼的方式。

当然，与人际关系有关的场景，可不仅仅有打招呼，更多的问题，我们将在第三章、第四章加以探讨。

第三，孩子突然变得爱撒谎。

越高级的社交，就有越强烈的功能性。开会、相亲、演讲——概莫能外。

要想变成情商高手，孩子就要在成长的过程中学会施加影响力。现在到了第三步：我知道我是什么样的，我知道你是什么样的，但我能不能让你达到我想让你成为的样子呢？

影响力在这个阶段成了发展的刚需，孩子需要学着去通过语言、表情、手势、姿态，调整自己要传达的信息，以达到自己想要的目的。

但他在这方面的第一次尝试，往往都会让父母惊恐。

我基本上在每次课程后都会安排答疑，有一次我遇到一个非常焦虑的母亲："叶老师！我家孩子还不到 4 岁呢，现在就学会撒谎了！这么小就撒谎，长大了可怎么办啊？"

的确，在很多家长眼里，单纯乖巧的孩子突然学会搬弄是非、颠倒黑白，这事太值得警惕了。

但我郑重地跟这位母亲道喜："恭喜您啊！这个年龄的孩子撒谎，说明您家孩子的聪明程度超过起码50%的同龄孩子了。您想想，如果孩子没有足够的智力、创造力、情绪控制能力，以及站在别人角度想问题的能力，能撒谎吗？其实您大可不必如此紧张，孩子智能的发展是在道德的发展之前的，这么小的年龄，只要家长多做引导，孩子就不会走歪路。"

孩子对你撒谎，是他在学着如何跟同伴相处，以及如何对外界施加影响力。这是情商模型中的第三层和第四层探讨的。

现在的孩子撒谎越来越早，其根本原因是普遍的早慧。根据多伦多大学应用心理学教授李康（Kang Lee）的研究，差不多有30%的孩子在他们2岁那年第一次撒谎，而到了4岁的时候，已经有80%的孩子学会撒谎了。而且他的研究发现，越是智力水平高、自控力强、独立性强的孩子，撒谎越早。

3~7岁的孩子撒谎，基本上都不存在什么道德属性。在这个阶段，撒谎只是一种社交工具。就算过了7岁，对撒谎的行为也不能一棒子打死。假设孩子在学校里有遭人欺负的风险，喊两句"我叔叔是警察，谁欺负我，我就找我叔叔"来唬一唬对方，也是一种不错的自保方式。

家长们真正应该警惕的撒谎，是"功利性谎言"，它至少具备如下三个特质之一：孩子的撒谎伤害到了无辜的他人、孩子通过撒谎获得了不该获得的资源、孩子通过撒谎逃避了本应面对的惩罚。

倘若发现孩子撒谎了，一种合适的应对策略是：提及但不戳穿。每一个谎言都需要用更多的谎言去圆。孩子撒的谎有时候有很明显的漏洞，而不少家长都喜欢揪着这个漏洞立刻戳穿孩子的谎言，再加上一些恨铁不成钢的责骂。对于谎言的直接戳穿很容易让孩子下不来台，甚至还会让孩子遭遇比不撒谎带来的更大的负面感受。这种对于撒谎的直接戳破，不太可能帮助孩子改掉撒谎的毛病，反而更有可能刺激孩子下次撒一个更加无懈可击的谎。

其实完全可以反过来，在孩子没撒谎、说实话、跟家长掏心窝子的时候，如果恰当鼓励，充分认可，孩子撒谎的倾向就会大大降低。当你的孩子跟你表达真情实感，尤其是传递负面的信息——比如被人欺负了、遭老师批评了、自己受委屈了等，家长的接受甚至认可，最能阻止撒谎的发生。

能把撒谎理解为孩子对于外界的一种主动掌控，而非仅仅是德育工作没有做到位的表现，具体情况具体分析，才意味着你对孩子情商的最高展现有了正确的认知。

如何用科学手段提升情商？

　　科学的教养手段，是攀爬情商金字塔的梯子，如果能将孩子在情商发展过程中的小困难更好地归类，进一步解决问题也就有了抓手。

　　上面提到的三个令很多家长挠头的问题，在我看来并不算是问题，反而恰恰是一种成长的阵痛，它意味着孩子在学习，在进步，在练习提高自己的情商。当然，更加系统和有效的解决方案，我们会在后文详细阐述。

　　所以作为家长，我们一定要做好知识储备，同时选择适当的方法，因为很多时候，靠谱父母的一个重要本事，就是能分清什么叫问题，什么叫阵痛。

　　接下来，我们将与你逐一分析各种涉及儿童情商培养的场景，并为你提供力所能及的儿童情商提升方案。

第 二 章

如何培养自我认同？

为什么要培养孩子的自我认同？

自我认同既然是情商的基础，那它发展的好坏，也就必然直接关系着孩子如何理解自己，以及怎样看待自己与他人的关系。

那什么是自我认同呢？是自信、自强，还是自己清楚自己的好恶、特长和短板呢？

你可能会说，自我认同就是知道我是谁呗。就以我为例，如果我问自己是谁，那第一时间会想到"我叫叶壮，是两个孩子的爸爸，我是一名心理学人，我从事的工作是传播和普及心理学知识"。

绝大多数人面对这个问题时，其实能想到的这些答案都和我的答案在某种程度上很类似：大多是对于我们过去做过的事情的一个总结和概括。

而这样的答案，实际上回答的是另一个问题——"现在的我是谁？"

但你一定要清楚，我们要的自我认同，以及在孩子身上该有的自我认同，除了包括"我现在是谁"，还有一个很重要的部分——"我将来会变成谁？"

这个问题对孩子来说，甚至更为重要，因为在人的一生中，他目前的经历实在比我们少太多。

孩子的生命阅历很有限，在自我认同这个话题上，他们没有那么多的经验与素材，来塑造出一个由历史构成的自我。与此同时，为人父母，我们其实内心很清楚，我们也希望孩子在自我认同层面上，具有相当的未来指向——以后的我，会成为什么样的人，拥有哪些能力和资源，会不会受欢迎，让很多人都喜欢？

那进一步的工作也就呼之欲出了。在培养孩子的自我认同时，我们不仅要让孩子认识并学会管理现在的自己，更要培养孩子一项同样重要的能力，那就是知道自己想要什么，以及想要成为什么样的人。

三个关键词：自信，自律，追求进步

帮助孩子培养良好的自我认同，是件既简单又复杂的事情。

说简单是因为家长们只要注意培养三个核心要素就可以，

这三个要素分别是：自信、自律和追求进步。说复杂则是因为这三个要素中，每一个都需要我们家长在生活中不断潜移默化地去培养，才能真正起到帮助孩子的作用。

首先，我们来看自信。

自信往小了说，是孩子是否相信自己能把事情做成；往大了说，则直接影响着他对生命质量的体验。

这不是危言耸听。只要稍加观察，就能发现你我身边的很多成年人，之所以日子过得痛苦，很大程度上，未必是因为缺钱少穿、情感受挫，而是因为一些莫须有的自卑情绪。

同理，一个孩子对自己有没有自信，微观上，影响其日常的一两件事能不能做成；宏观上，则影响其一生会不会幸福。原因无他，就是因为自信是我们内心力量的最大源泉。

比如，每个孩子都有自己相对擅长的学科。假设有个孩子数学学得好，对自己解数学题的能力就会有自信。那在考试的时候即便遇到有难度的数学题，他也敢于尝试找出解题的方法。纵然可能经历失败，但因为他相信自身的数学能力，也就有了肯定能成功地解出这道题的自信，哪怕想出来的第一种方法失败了，他还会勇敢地再尝试另一种，直到找出解题的方法。

自信是让行动坚持下去的力量来源，相信自己的能力和潜力，最大的帮助就是能让孩子敢于尝试，敢于挑战"不可能"。

对孩子们来说，解数学题如此，人生道路也是如此。

这些相信自己有能力的孩子，在上学的时候会尝试更多的解题方法，在将来离开学校步入社会时，则敢于尝试更多的机会，也更有可能找到并抓住那些适合他们的机会，从而走向成功。这就是为什么我们说，一个孩子自信与否，是关乎一生幸福的大事。

其次，我们来谈谈自律。

什么是自律呢？自律说白了，就是一个人是否对于自己的行为具有约束力，即通常意义上的"能不能管住自己"。有很多家长找我诉苦，而苦恼的都是这一点：为什么别人家的孩子，也不用爸妈管，自己就能把该做的作业都写完，但自己家的孩子非得在他们眼皮子底下才能乖乖地学习、写作业，但凡家长走神儿，孩子肯定跟着没了专注度。"别人家的孩子"往往都是自律的，讲礼貌、守纪律，学习认真还能坚持锻炼，不是吗？

然而，孩子不自律，并不能全怪孩子顽皮，家长们培养孩子自律习惯方法不当是主要的原因。我们肯定都听过一个词儿，叫"慎独"。慎独，说的就是独处、没人监督的时候，要控制住自己的欲望。大家试想一下，如果今天上班，全单位就你一个人，领导、同事都不在，那你还会好好工作吗？如果不够慎独，估计也就摸鱼了吧。

对慎独的推崇，容易让很多家长产生一个误区：不慎独，那就一定是错的。

在《游戏改变世界》一书的作者心理学家简·麦格尼格尔看来，玩才是人类的天性，这个道理，放在大人小孩身上都成立。所以家长们首先要理解的是，一个孩子想玩不想学习，这是天性，不是错误，这需要管理，但并不必被完全否定。一味地指责和教育孩子不要贪玩，对孩子的玩要围追堵截，大张旗鼓地对抗天性，往往并不能真正起到培养自律的作用。这样的方法，其实是"外部监督"的管理方式，而真正能帮助孩子建立自律好习惯的却是"内部监督"的管理方式。

"内部监督"就是在孩子心中构建起一种自我管理、自我约束的管理机制。

作为一个成年人，你可以试着思考这样一个问题："是什么让你每天都能在单位努力工作呢？"

我相信，对很多人来说，头脑中第一个冒出来的答案就是：为了领工资啊，不干活老板不给钱哪！当然，如果你说："我工作是因为我热爱我所做的事情！"那我由衷地恭喜你，因为你真的非常幸运，能把自己的兴趣和工作结合在一起。但对于相当一部分人来说，"工作就是为了挣钱养家"，这个理由还是站得住脚的。而这种简单的逻辑关系，就在我们心中构建出了一套"内部监督"系统，也就是：努力工作就可以挣到钱，不努力工作就挣不到钱或者会被扣钱，那么为了能挣到钱，即使不喜欢，也要强迫自己努力工作。

对应到孩子身上就是，即使他们不喜欢学习，那么为了得到他们喜欢的东西，他们也要懂得约束自己，完成课业。这就是我们说的要在孩子心中构建出"内部监督"机制的一个例子，但这并不是一个运行良好的"内部监督"机制，因为它过于简单，也过于死板。在后面有关自律的具体例子中，我们会和家长们进一步探讨该如何构建运行良好的"内部监督"机制，帮助孩子学会自律。

最后，我们要谈的第三个核心要素，是追求进步。

与自信和自律相比，追求进步是三个核心要素中与未来关系最为紧密的，毕竟，它关系到"我要成为什么样的人"。如果你问一个成年人："在有生之年，未来的发展道路上，你希望成为什么样的人？"他很有可能会无措地告诉你，他其实也不是很清楚，因为这个问题对成年人来说，实在太过宽泛，令人无从下手。

但有趣的是，如果让一个孩子来回答，这个问题往往会变得非常简单。若我们问一个孩子："你将来想成为什么样的人呀？"孩子的回答很有可能是：我想成为像爱因斯坦一样的科学家；或是，我想成为像贝多芬一样的音乐家；又或是，我想成为像林丹一样的羽毛球冠军。我的一个朋友问他 4 岁的儿子这个问题，他儿子回答："妈妈，我想当清洁工！因为清洁工是城市里最早起床上班的人！"

孩子对自己未来的愿望好像比我们成年人要更明确、更具体。很多时候，作为一个成年人，我很羡慕他们。当然，这些愿望与期待，很大程度上也是孩子的一时念想，并不稳定，随时可能被下一个愿望所替代——那个想当清洁工的小孩，没过两个月，就想改行当奥特曼了。但是，即使是这种不稳定的、随时会改变的愿望，也完全可以非常有力量。毕竟，这是孩子对于追求进步、实现自我最初且最直接的表达。

这些稚嫩的愿望中，可能就蕴含着孩子人生目标的雏形。

对孩子来说，这一个个小小的愿望，正是他们学会追求人生目标的起点。可问题是，孩子的愿望，跟家长的愿望之间总有裂痕。很多家长都希望自己的孩子能从小学习一门技艺，钢琴、绘画、舞蹈、跆拳道，总要有一样能拿得出手的特长吧。但孩子们往往难以忍受枯燥辛苦的过程，所以半途而废的情况很常见，为此和家长大吵大闹的情况也屡见不鲜。这倒不是孩子不给力，往往是因为家长把自己认为正确的愿望放在了孩子身上，希望孩子可以完成。孩子想当智慧与勇气并存的奥特曼，这也没错，甚至是个很好的成长契机，可家长从成人的角度只认毕加索，本来可以成为动力的目标，反倒成了阻碍。

所谓追求进步，有个重要的前提，那就是让孩子去做自己想做的事，而家长更该做的，则是让孩子学会通过自己的努力，把想做的事情做好。纵然孩子的兴趣会经常变化，但只要这种想把自己喜欢的事情做好的态度能一直保持下去，并随着每一次的进步不断得到强化，那就是好事。

接下来，就让我们从这三个关键词出发，探讨一下如何从提升孩子自我认同的角度来培养高情商的孩子吧！

孩子爱说"不"怎么办？

　　如果你家孩子六七岁了，你问问他记不记得自己两岁时是什么样子的，孩子大半会摇摇头，告诉你他没什么印象了。但如果是问爸爸妈妈，是不是记得孩子两岁时的样子，爸爸妈妈肯定记忆犹新。因为这时候，那个乖巧、可爱、安静的小天使，突然变回了一个经常上蹿下跳、满地打滚、大哭大闹的小恶魔。家长圈子里盛行"可怕的两岁，恐怖的三岁"的说法。面对这个阶段的孩子，爸爸妈妈们经常被逼到濒临崩溃。

　　我的一个朋友在他儿子两岁多的时候，每天晚上要花半个小时来给孩子穿睡觉的衣服。孩子洗完澡后，直接被浴巾裹到卧室，爸爸妈妈准备给他穿内衣裤的时候，他没有一次是配合的。绝大多数情况下，他儿子会光着屁股半湿着身子满床跑，而家长和颜悦色地要求他穿衣服又根本不好使，一言不合孩子就生气，还会从床上抱起枕头或者拿起闹钟砸他们两口子。所以每天晚上睡前都会"打一仗"，直到家长大发脾气、孩子号啕大哭，弄得一家三口晚上睡觉时心情都不好，爹妈气鼓鼓，孩子脸上挂泪珠。在孩子两岁时的那段记忆，可能是很多父母挥之不去的阴影。

当然，说心理阴影是玩笑话，但也是七分玩笑三分真，两岁孩子令父母的头疼程度，可不亚于青春期的孩子。毕竟，两岁是孩子一个极为特殊的阶段——孩子生命中的第一个"叛逆"期，与此同时，也是情商发展的第一个关键节点。

叛逆期的典型表现之一，就是表达拒绝或者被拒绝的时候，通常都不太容易做到和平解决。每当这时，孩子会发脾气大哭，甚至倒地打滚儿都是难免的。

口头禅就是"不"

说"不"，在很长一段时间里，都是孩子最爱做的一件事儿。对孩子来说，生活中的万事万物似乎都可以用"不"来拒绝——一个"不"可以搞定一切。吃饭不吃，穿衣不穿，睡觉不睡，洗澡不洗，出门不动，自己主意大得很，不管家长和颜悦色劝说还是黑着脸数落，都不管用，什么要求都能用"不"怼回去，爸爸妈妈们被气得简直是七窍生烟。

但在气过之后，爸爸妈妈们不妨试着站在孩子的角度想一想，他们为什么对各种事情都要说不呢？

我们之前谈到过，说"不"其实就是在凸显孩子的独立性。孩子一开始在心理上与父母，尤其是妈妈，处在一种共生的状态中。在孩子心中，妈妈就是自己，而自己也是妈妈，所以无论妈妈说什么，孩子都会同意。你会没事儿和自己开辩论会反驳自己吗？不会吧。

但到了两岁，那个原本和妈妈紧密连接在一起的孩子，突然有了自我的意识，发现原来自己是一个独立的个体，有时候自己想做的和妈妈不一样了。我家大儿子两岁多的时候，最让我闹心的一点就是，"让做什么做什么，不让做什么更要做什么"。

比如"不要在电梯里跳"这件事。小孩子在电梯里跳来跳去总是会让家长有些生气，但不少孩子偏偏是你越说他越爱跳。甚至有的时候你说了两句后，他虽然不跳了，但等你一扭脸不看他，他就又开始跳，仿佛是故意挑衅一般，真的很容易让人火大。

家长们往往会觉得这种事就是典型的"以自我为中心"，但实际上，这是孩子在探索行为的边界。

假设你是个孩子，你逾越了自己的行为界限，然后就得到了机会来观察他人对此会报以怎样的反应。然后你就一次又一次地重复，直到把大人逼疯，以此来确定自己的实验结果。很快，你就可以依靠这种方法了解周围人各自不同的喜好和底线——爸爸容易发火，而妈妈需要烦好几次才生气。这个过程并没有什么刻意的挑衅，更多的像是一种游戏——可惜大人并不这么认为。有的时候，孩子还会时不时重新验证一下之前自己的实验结果，再把妈妈逼疯一次，以此证明——"我妈还没变，我之前对她的评价依然正确"。

这就是为什么孩子爱说"不"的那个阶段如此可怕，他们有高速发展的神经系统，同时还在用不断试探底线的方式来学习生命中的重要的新知识——人跟人原来不一样。

自我意识的觉醒，本身是孩子成长发育的表现，其实是一件令人高兴的事情，父母们之所以感觉不到高兴，是因为孩子突然开始说"不"让父母产生了失控的感觉。

失控的父母

可能你会诧异——我家里，明明失控的是那个爱说"不"的孩子，怎么又要聊"失控的父母"呢？那是因为，孩子的不听话，人家自己并不觉得怎样，倒是让父母感受到了巨大的"失控感"。

孩子出生后，他的一切生活琐事都是由父母来处理的，吃饭、睡觉、穿衣、洗澡，还有大小便，其实父母们已习惯了孩子完全在自己的掌控之下，这种能控制孩子一切的感觉令父母们安心，父母在安排孩子生活的时候，其实内心会有这样一个声音："听我的按时吃饭，就不会拉肚子""听我的多穿点衣服，就不会感冒""听我的按时睡觉，就能健康成长"。这种对孩子完全的控制感，让父母们感到确定和安全。

孩子在开始说"不"之前，通过完全地接受父母照顾，会感到舒适、幸福和安全，而父母在照顾孩子生活起居的过程中也感到安心和满足。父母与孩子的关系处在一种互相满意的平衡状态。

但突然，一个"不"字打破了这种祥和，孩子开始拒绝父母的照顾了，不好好吃饭、不按时睡觉、不认真洗澡。孩子想要自己决定自己的生活，不再想听从父母的安排了。这时候，父母会对孩子的拒绝感到非常生气，为什么不听话？为什么这么调皮？父母们感受到了对孩子的失控，是这种失控让父母非常气愤，这也就是为什么父母很难接受孩子说"不"，因为这让父母感到自己习惯的那种确定和安全不见了。

孩子的自我意识既然已经觉醒，我们就不可能再回到之前那种让孩子对父母言听计从的共生阶段了，但又不能纵容孩子一直和父母"对着干"，那我们该如何重建一种新的平衡关系来与孩子相处呢？

如何应对孩子的"不"？

开放式对话，不要给他说"不"的机会

"别玩游戏了！"

"不！我就要玩！"

类似这样的拒绝在家庭中非常典型。父母给孩子一个指令或一个只有是否答案的问题，那得到的回答，有很大概率是"不"。究其原因，这样的表达，没有给孩子表现自主的机会。

换个思路，如果跟孩子进行开放式的对话，而不采用只能用"是"或"不"来回答的判断题呢？这样往往能更好地跟孩子沟通，甚至还能培养孩子的社交技能与自我表达。

你想想——"能不能别玩游戏了？""不能。"话题结束。

换一个说法——"我不太会玩游戏，咱俩一起做点别的什么？""你给我讲故事吧！"话题打开，孩子参与到了讨论中。

既然我们已经知道孩子说"不"是在表达自主性，那为何

不主动在生活中给他们一些机会，让孩子用更好的方式来感受和表达自我呢？

不当"独裁者"，给孩子一些"民主"

"孩子，过来，该洗澡了。""我不要洗澡。""不行，你都两天没洗了，今天必须洗。""就不洗！"

这样的对话，是不是很熟悉？结果你也一定很熟悉，那就是父母使出浑身解数，帮哭闹的孩子洗了澡，最后累个半死。

其实稍微给孩子一些选择权，让他感觉自己在这件事情上有主动权，事情可能会变得简单许多。

"孩子，你是想现在洗澡，还是过一会儿再洗澡？""妈妈，我正玩着呢，过一会儿洗吧。""那我一会儿再来叫你，你玩完了可得洗呀。"让孩子得到一些可选择的权利，会让他们更容易接受你的提议。

"双重否定"的陷阱

面对孩子说"不"，很多家长自己也很爱说不——"不行！""不要再闹了！""不可以！"我总是戏称这种情况为"双重否定"。

你可以在自己跟孩子独处的时候打开手机的录音功能，录上一个小时再抽空回听一下，数数自己说了多少个"不"，顺便也数数孩子说了多少个。

很多家长跟孩子的对话是这样的——"把衣服穿上！""不！""不行！必须穿！""我不！""我说了不行，必须现在穿！"简化下来，其实就是互相否定的过程，对于怎样更好地解决矛盾，双方都避而不谈。但我们是成人，我们有能力也有责任更主动地打开局面解决问题，所以，先从调整自己的语言开始，更多地说该怎么做，而不是不该怎么做——"如果这样肯定会更好。""你这样会影响到别的人哦。""慢一点，停下来。"

对于高危场合提前做好准备

如下一些场合是发生矛盾的高危场合：中午和晚上睡觉前——该睡不睡；吃饭时——不好好吃饭；跟其他的同龄人一起玩的时候——玩疯了拦不住；早上上幼儿园时——死活不去；在游乐场、商场等人多的地方——太闹腾没规矩；在医院——不看医生、不做检查、不吃药。

这些场合都比较容易引发矛盾，家长们要提前做好准备，调整好自己的状态，事先规避一些潜在的风险，不打没准备的仗。

孩子怼狠话不是针对你，别太扎心

孩子的"叛逆"，有生理与心理上的双重因素。恰恰因为我们是亲爸亲妈，才成为练手时最直接的素材，今天拿我们开刀多加练习，只要我们加以正确引导，帮孩子树立正确的三观，以后孩子在跟别人打交道的时候就能更有情商。

说白了，今天父母多被怼，明天的孩子才能少吃亏——当然，在被怼过后，正确地应对也很重要。所以，有时候孩子说了一些话可能会令父母有点扎心，甚至我老婆还有过跟两岁半的儿子吵到独自落泪的时候，但我还是想说——放松些，别太放在心上。

说实话，纵然可以活用以上方法，恐怕你依然没法彻底拦下孩子说"不"的行为，但是你起码已经站在一个更高的角度，更科学合理地去应对他口中说出的"不"，并且不至于让他的拒绝换回更多的否定——对一个爱说"不"的孩子来说，这就是对他情商最大的保护。

孩子太悲观怎么办？

一个孩子在自我认同上的最佳表现，除了敢于说"不"的自主表现之外，还有就是充满干劲儿的乐观范儿了。

情商高的孩子，我们不难发现——他们往往都挺乐观、阳光的。

我很明白，每一个家长，都希望自家的孩子能乐观，没谁愿意儿子女儿一天到晚"丧里丧气"的。但包括我在内的相当一部分中国家长，其实都会犯下同一个错误：让孩子在接触乐观之前，先浸泡在了悲观的体验中，而家长们还觉得自己做得没毛病。

我家大儿子打小就对火车情有独钟，他一岁半就在京都的铁道博物馆玩得不亦乐乎，现在四岁了，对汽车却一点兴趣都没有，连宝马跟吉利都分不清，但在北京西站的站台上见到了火车头，能高喊出来它的具体型号："那是一台韶山电力机车！"

自然而然地，我家有大大小小七十多个火车玩具，从托马斯小火车到金属制的仿真模型。

两年前，在他最初要玩拼装轨道与能安放电池的小火车时，我出血买了一套很好的玩具——精致、复杂、功能繁多、拼装的花样层出不穷。我觉得我真是个好爸爸：为了孩子的爱好，舍得花钱，还能刺激孩子的动手能力，也能让他变得富于创造力。

然而，这套玩具开启了连续两周的噩梦。

我儿子当然很喜欢，但他总是玩着玩着就急眼，一玩就急，一急就哭，一哭就更急，越急越玩不开心，甚至有几次直接伏地大哭起来。原因很简单：玩具太复杂，他搞不定。他从认知上、动手能力上、耐心上距离这套玩具的要求差距太大。

大人觉得"你玩得不开心那你就别玩了呗"。但孩子满脑子还是对玩的期待与奇思妙想，只是苦于能力有限、水平不够，于是一次次蒙受了失败的冲击。这种冲击剧烈而频繁，不像是我们玩魂斗罗到了关底"差一点就过关了"的挑战感，而更接近于让咱们中国队上世界杯赛场跟巴西队踢一场的绝望感，其结果往往不是让孩子"知难而上，越挫越勇"，而是让他陷入了负面体验的一次次冲击中，在体验到乐观之前，就在一个本该很有趣的玩具的影响下，陷入了悲观的泥淖。

两周后，我才顿悟了上面这个道理。赶紧把那套高大上的火车雪藏，买了一套一节轨道恨不得有我两个巴掌大的新火车模组，轨道只能拼成圆形和矩形，价钱不及上一套的七分之一。这次问题解决了，儿子突然发现了自己的胜任力，甚至还能"玩出花儿"来，用积木垫起所有的轨道，然后告诉我这是他修的"高架桥"。

在这件事上，我成了孩子的猪队友。因为在培养孩子乐观的同时，还有着培养孩子能力的野心，以致给孩子提供了"超纲"的教具与任务，这其实是很多家庭的问题。

你给孩子的任务，是不是太难了？

不少家长问过我：我家孩子看书闹脾气，学书法闹脾气，背单词闹脾气，玩个玩具也闹脾气。

家长会骂孩子："你跟本书生什么气呢？"

孩子哪里是在生书的气，孩子那是在生自己的气，这脾气来自"我怎么搞不定"的悲观认知。孩子信任我们，给他们什么，他们就投入地去接触什么，但如果我们给他的是他消化不了的，我们岂不就是辜负了这种信任？

问出以上问题的家长，我给出的最直接的建议就是：降低你的难度。

你选的书太难了；你家孩子现在握笔握不住，没法练字；

你让他背的单词太复杂了；你给他选的玩具超出了他的认知极限——他刚会拼 7×8 的拼图，你就让他拼 200 块的大拼图，他能不发脾气吗？因为他想——都是拼图，昨天那个能拼好，今天这个怎么就搞不定了呢？

长此以往，不自信也就成了他内心固有的认知。

有很多中国孩子，在学着乐观之前，先因为家长过高的指示与要求，被悲观牵着鼻子往反方向跑了很久。更可悲的是，他们中的很多人，越跑越远，却一直没发现一开始就跑反了。如果乐观的教育也有"赢在起跑线"一说，那希望今天的你能警惕这样一点：能否"赢在起跑线"不在于你家孩子跑得速度够不够快，而在于你的教育方式，是不是让孩子在这条赛道上，一开始就跑错了方向。

为此，我们能做些什么呢？你可能会说——幼儿园里所有小朋友都报了班，他不报，能行吗？别的小朋友都会珠心算，他不会，能行吗？人家两岁多就开始一对一学英语了，他不学，能行吗？

怎么做，才不至于让悲观蔓延？

作为帮助孩子抵御悲观，学会自信的第一道防线，我们家长其实有很多可做的事情。

比如，你自己就别被外界的虚假宣传忽悠了，报班之前，你应该搞明白，你家孩子需要提升的到底是什么能力。

拿现在满大街流行的少儿机器人班与编程班为例，它们都号称能够提高孩子的数学能力、逻辑思维跟动手能力，但实际上有相当一部分是"挂羊头卖狗肉"的机构，教学上都是统一的模板跟统一的课件，孩子只要跟着老师在键盘上敲，就能实现某个功能，根本就达不到思维与认知的提升。但对于我们家长而言，却很有可能因为对孩子"写"出来的某条程序有了直观感受，而觉得钱花得真值。如果你真的想知道到底什么是STEAM教育，你应该自己先弄清楚，而不是一味相信商场里迎面碰上的那个貌似热情的导购。比起听导购的，倒不如真的去研究一下少儿STEAM教育到底是什么，靠谱的专业解答才能帮你正确认识时下流行的STEAM教育理念。其他的也是同理。

除此之外，还得拒绝从众于"超前教育"。

不要因为你被外界裹挟，就用孩子的时间与精力去埋单。我去幼儿园接儿子，门口有个家长跟我说："我家孩子报了个班，特别好！老叶让你家孩子也来吧！大班之前就能掌握万以内加减法心算！"我跟他讲："可拉倒吧，我从生下来到现在都没掌握过心算万以内加减法的技能，我没脸送我孩子去学。"

他开始给自己的决策戴高帽了："你难道不重视孩子的数学思维吗？"而我回答："我重视啊，但这不是数学思维啊，这是包工头买物料啊。"超前教育是现在全世界教育界都面临的巨大问题，你自己可能也已经有所察觉——你当年高中学的东西，现在的初中生就要学，你当年大学学的东西，现在的高中生可能就已经门儿清了。但是超前教育对越小的孩子造成的负面影响越大。在美国，有大量的小学生的执笔姿势需要进行专门矫正，其原因并非他们学写字太晚，而恰恰是因为他们学写字太早。在年龄尚幼的时候就要煞有介事地拿笔学写字，而手掌与手指上的肌肉又没有发育完全，导致这些孩子产生形形色色的特殊姿势与运笔手法，来保证自己能写得"横平竖直"，一直到几年后，这些曾经能解燃眉之急的特殊方案却变得需要专门矫正和治疗。"拿笔"这件事是可见的，其他的呢？过早学数学会不会滋生对数学的悲观呢？过早学阅读会不会引发对阅读的悲观呢？过早学乐器会不会导致对音乐的悲观呢？很多八五后和九〇后都有童年学某样东西要"学吐了"的感觉，这其实就是一种定向的悲观。

还要注意，有三个要素可以让孩子远离悲观体验，培养阳光心态。

"千金难买我愿意。"如果孩子想学点正经东西，那家长们怎么着也要上赶着把资源配置到位。对于低幼年龄段的孩子们来说，想投入地专注于一样东西，有几个必备要素，第一是趣味性，第二是成就感，第三是产出物。比如，我儿子玩火车轨道，对这个东西感兴趣又觉得有意思，这叫趣味性。拼的过程中发现自己越做越顺手，还靠自己战胜了点小困难，这叫成就感。拼了半个小时拼出来一个完整的轨道，火车呜呜呜地能跑上一整圈不卡壳，这叫产出物。趣味性解决了"为什么要做"的问题，成就感解决了"我做得怎么样"的问题，而产出物解决了"我做出了什么"的问题。你如果要让孩子做一件事情而不至于悲观，那就要把这三个问题解决好。不管你是让孩子学少儿英语、背汉语的声韵启蒙，还是学数学、学编程，都是同理，这三个问题不解决，风险就会陡然增加。

低龄孩子的家长，更要帮孩子选择难度匹配的玩具。

对于孩子们来说，他们喜欢"灵光一现"，却讨厌狗急跳墙似的"急中生智"。大脑需要在相对稳定、安全与平和的状态下，才能有更好的表现，依托于玩具，智力和情绪才能得到更好的培养。如果孩子有一个喜欢却越玩越焦虑的玩具，非但培养不了孩子的创造力，反而会给他的专注力与情绪表达带来负面影响。在难度过大的玩具旁边，孩子们的挫败感会直接影响他们大脑前额叶皮层的表现水平，而大脑的这一部分，直接与人的高级认知功能和创造力表现相关。除此之外，难度太大的玩具给孩子带来的压力，会弱化脑电波的连贯性，其最直接的后果就是，降低人们对于新鲜想法的探索欲以及解决问题时的创新欲——在大人们身上，会导致他们更容易钻牛角尖；在孩子们身上，会导致他们跟自己玩不好的玩具一个劲儿死磕，又不愿意尝试新的手段或者其他玩具。长此以往，怎能不悲观阴郁？

阳光宝宝的培养，在当下所面对的最大问题恰恰是家长们急于求成的心态。这成了自我认同培养历程中的巨大壁垒。不过话说回来，有很多家长喜欢这样讲："我总夸我们家孩子！这样他就能乐观阳光自信开朗了吧！"

的确，夸孩子可以让孩子有更强烈的自我认同感，但有个重要前提——你要掌握夸孩子的正确方法。

怎样夸出自信的孩子？

在中国，我们去别人家做客，如果实在缺少谈资，有一种寒暄是几乎没有什么风险的：夸对方的孩子。然而，夸孩子的词汇却很匮乏，不外乎"聪明""漂亮""可爱""懂事"之类的浅显形容词。

久而久之，家长夸自家孩子的方式也变得越来越简单，当孩子充满期待地向我们展现自己的成就时，很多家长却报以敷衍的回答："挺好的。"还有很多家长，除了"太棒了"，就不知道还有什么夸奖的词儿。这样的夸奖非但不能帮助孩子建立自信，反而会使他们感到家长太不走心，自己的期待没有得到回应，自己的努力没有得到认可。

现如今，培养孩子的高自尊水平已经成了一种有点"政治正确"的养育目标。可惜，很多家长在为之努力的过程中，把劲儿用错了地方。他们都懂得夸孩子、表扬孩子，但是表扬的方法和手段，都显得不够走心。在遣词造句上，除了"宝宝你真棒"之外，啥也不会说；在价值观上，也秉持着一种错误的夸娃观念：说你行，你就行，不行也行。

这其实非常危险，这些不走心的"片儿汤"话，并不能让孩子真正成长，反而会让孩子陷入更深的自我否定。

帮助孩子认识失败，而不是引导孩子否认失败

让孩子培养高情商的一大要务，是帮助孩子认识失败，而不是引导孩子否认与逃避失败。

几年前，我在北京的亚运村社区组织了一次系列培训，对象是专门来北京帮儿女带孩子的爷爷奶奶和外公外婆们。在一个下午，我特意让这些老人带上他们的老花镜，一起看了一部电影——《家长指导》。这是一部好莱坞喜剧片，讲了一位传统的外公帮女儿看孩子的故事。虽然是一部商业片，但其中有些地方对家长还是有所启迪的。

虽然这部电影让参加培训的老同志们深受启发，但我今天想讲的是其中的一个桥段：

外公来到外孙的学校看外孙打棒球，却惊讶地发现这场比赛既决不出胜负，也不会有"犯规罚下"的设置，而裁判则无奈地向他解释："这是为了不伤到孩子们的自尊心。"

这其实是很多养育场景的荒诞缩影。家长们不走心的鼓励太多，孩子面对挫折之后，鲜少有家长能够帮孩子去分析挫折，而更多地选择了宣贯一种虚无的乐观主义："你可以的！你没问题！你再试试！"

这其实是有风险的。在这种情况下，父母给孩子猛灌鸡汤，不但没法让孩子乐观，反而让孩子产生"你可拉倒吧"的感受。

并不是所有的表扬都能让孩子成长

我觉得在表扬孩子方面，长久以来，我都没我爸做得好。

我儿子有的时候碰到一点小挫败，我会下意识地先给他戴上几顶高帽，如今细细想来，其实不一定是正解。

我上小学的时候，学校组建了校史上第一个军乐队。这个军乐队可要比当时其他学校的鼓号队高端多了！鼓号队只有小鼓、大鼓和小号，但军乐队可有长号、圆号、长笛等各种管乐器和打击乐器——你单看乐器的价钱，就知道这不是一回事。

全校四年级以上的孩子，都对军乐队里的位置虎视眈眈。

我争取到了一次机会，班主任让我在那个周四下午放学后，去军乐队的训练课上试一试。我那一天课都没认真上，因为我非常忐忑——我想去军乐队是因为那很帅气，而不是因为我喜欢音乐。实际上，我的乐器水平极差，连口琴都吹不明白。

放学后，我惶恐地走进训练用的大教室。教室门口人头攒动，全是其他好奇的学生，以及乐队在编成员的家长，他们满脸的春风得意。幸亏那个时代连大哥大都还没普及，要不然肯定像今天的很多儿童活动一样，爸妈看着孩子这么有出息，一定一通狂拍。

军乐队的主管老师是个严厉的年轻老师，不怎么好打交道的样子。他塞给我一个长号，大概告诉了我怎么能吹响，然后给了我一个任务：在下课之前，吹响它。

我的一个同学也在军乐队，他用的是圆号，我俩站在一堆儿练着，时不时地聊两句。没一会儿，老师觉察到了我在跟旁边的人说话，径直走过来，拿走了我手上的长号，对我说："我们乐队不要你这样不认真的人，你走吧。"

随后，用手指了指教室的大门口。

我想辩解两句，让老师再给个机会，但老师明显不为所动，直接打断了我："我不想说第二遍，你走。"

我离开了教室，既气馁又难过。

教室门口的孩子们全都看在眼里，我一出教室，他们就开始起哄，这让我越发难过了。

但是起哄声立刻停止了，因为我爸站到了我的身后，把手搭在了我的肩膀上，我事先都不知道他来了。

如果是我的孩子碰见这类事情，我可能会这么说："哎，别难过嘛，你只要练一练，肯定能吹好的嘛。虽然今天表现得不好，但是只要肯下功夫，我想老师一定会发现你有这方面的天分的。而且你的确交头接耳了，这样可不对，但我想你只要多加注意，以后就不会出这样的问题了，对吧？你能做到的，对吗？"

但我爸护着我，只说了一句话："你不一定非要学会吹个烧火棍，我长这么大都不会。"

我现在的年龄跟他当时说这话的年龄已经差不多了，我还是吹不响长号，但是没关系啊，虽然我不会乐器，但是我写下了你正在读的这本书，这不照样很好吗？

情商高并不意味着要死磕

自我认同的重要前提之一，是要这样理解：失败是正常的，甚至你在某些领域，必将面对事倍功半，或者永远成功不了的情况。你不能强迫孩子在他明明不擅长的方面乐观起来，很多东西是勉强不来的。倘若压力太大，同时还一次又一次地硬着头皮撞南墙，这不叫乐观，这叫"缺心眼"。

父母强行用热脸贴冷屁股的形式赋予孩子自尊，进而让孩子收获自我认同，这是非常不靠谱的。心理学家纳撒尼尔·布兰登把自尊区分为两个部分：表现满意和感觉满意。

　　"表现满意"指的是一个人觉得自己做得挺好——比如我觉得我吹长号吹不响也没什么问题，而"感觉满意"指的是一个人认为自己应该做得好——比如我觉得我一定能把长号吹好，哪怕我并不清楚自己到底能不能做到。

　　空有后者是换不来真正的自尊的，两者相加才能赢得自我认同的发展。如果你觉得自己什么都能做到，但实际上却并没有自己臆想的那么能力突出、水平超凡，那这个不叫自信，这个叫自大。与此同时，一旦挫折来临，还有可能陷入更深的自我否定中。

什么样的夸奖算是好夸奖？

那么在今天，我们到底应该怎么走心地夸孩子，才能让他真正培养出应该有的自尊水平呢？

所谓的夸奖、表扬，家长到底怎么夸赞出口，用专业的术语来说，这叫作"称赞风格"。

你的称赞风格会对孩子的思维模式产生重大的影响，甚至塑造孩子的思维模式。现在的教育心理学界普遍认为，称赞风格的不同，主要会影响孩子走向"固定型思维模式"还是"成长型思维模式"。

前者不太容易让人自信，后者则是培养孩子自我认同的基础。前者的典型表达就是"你真棒"，而后者的表达则更多地会去探讨"你为什么棒"以及"你棒在哪里"。

比如，夸孩子聪明会让孩子倾向于建立"固定型思维"——聪明这个东西，聪明就是聪明，不聪明就是不聪明。人没有今天聪明，明天突然不聪明，后天状态又回来的。所以，这考好了，就是因为聪明；考砸了，那就是不够聪明！不聪明怎么办？没办法，人这脑子是爹妈给的，我也没招。

相应地，夸孩子努力则会让孩子建立"成长型思维"——人今天勤快点呢，就努努力，明天要是懒了点呢，就松懈了。所以，这考好了，是因为这段时间够努力；考砸了，就说明努力不够！那想考好怎么办呢？少睡会儿，多学会儿呗！

那你说这两种孩子哪个在学习上下的功夫深，哪个对好好学习天天向上抱有更乐观的认识？

芝加哥大学的莉兹·冈德森教授在这一领域，做了一个长达 5 年的纵向研究。对 1~3 岁的孩子所受到的父母称赞的类型进行了调查，5 年后再追踪这批孩子的思维模式的类型。研究的结果再次印证了以往相关研究的结论，也就是说，如果在孩子 3 岁之前，父母的称赞风格是"基于过程称赞"为主，即更多地称赞孩子"努力"，那么在孩子七八岁的时候，更容易具备"成长型思维模式"，这种模式能很好地预测儿童在二至四年级的数学和阅读能力。

这才是走心表扬带来的良好效果。

请允许我再补充一点知识：虽然成长型思维对孩子的智能发展有利，但是还有研究发现，固定型思维似乎对孩子们的德育发展更有帮助。

宾夕法尼亚大学沃顿商学院的亚当·格兰特（Adam Grant）教授提出了这个问题——"什么样的称赞会让孩子变得更善良？"这个关于孩子的道德感、同情心与社会利他行为培养的重要议题，其研究结果却让人感到意外并印象深刻：夸一个孩子"你真善良"比夸一个孩子"我喜欢你在游戏中帮助朋友的做法"更容易让孩子在接下来的行为里表现得更大度和利他。

如果你希望得到一个孩子的帮助，说"你来当我的小帮手可以吗"要比"你可以帮我一个忙吗"效果更好。

同时，如果你不想让孩子恶意撒谎骗人，要求他"不要做一个骗子"比要求他"不要骗人"更能让孩子成为一个诚实可靠的人。

总的来说，父母的称赞风格塑造孩子的思维模式，如果你希望你的孩子能够在遇到困难时勇往直前保持乐观，例如在完成某个任务、尝试某个活动时，请多使用"基于过程"的称赞；如果你希望你的孩子拥有善良、有道德感且品行端正，不妨也多使用"基于个人"的称赞。

说一千道一万，也就是不要为了夸孩子而夸孩子，你的表扬有几分发自肺腑，孩子心里清楚得很。也许你不曾想到，夸孩子是一门艺术，远比那些在寒暄中不走心的评价更有意义，为了能让这门艺术更具有实操性，接下来我们一起谈谈走心夸奖的原则与方法。

夸奖三原则

原则一：夸奖必须在行为之后。

很多家长在夸奖孩子的时候容易犯的一个错误就是"抢跑"，可能孩子正准备做什么事情，还没开始，家长的夸奖就到位了。例如，孩子突发奇想要学着包饺子，拿起饺子皮还没包呢，妈妈就说："孩子你真棒，都知道帮妈妈做家务了。"这样的夸奖就太早了，而且夸奖的并不是孩子包饺子这件事情，而是夸奖孩子懂得体谅妈妈的辛苦。这样的夸奖并不能让孩子对包饺子这件事情更有动力，反而会让孩子感到妈妈并不重视自己想要学习包饺子的兴趣。

我们对孩子的鼓励，最好是在一个具体的节点之后：一个做好的手工，一份不错的成绩，一次善意的助人为乐。而不应当发生在这些值得表扬的行为之前与行为之中。在行为之前，我们要鼓励他投入并引导他怎么做；在行为之中，我们要提供支持和适当的指导。而唯有在行为结束后，有了一个具体的可夸奖和鼓励的对象时，我们才应该开始不吝言辞地夸孩子。放在包饺子这个例子中，那就是我们要先给孩子示范如何包饺子，他练习的时候要在一旁耐心地教他具体怎么做，而只有在和孩子一起把饺子包出来之后，看着摆满的饺子，再去夸奖孩子包得真好。

原则二：夸奖不应该涉及物质。

对孩子好行为的认可与赞赏，一旦涉及物质就不再是纯粹的夸奖，反而变成了交易，变成了用物质奖品换取孩子做出好的行为。很多人以为"夸"是言语而"奖"是物质，但实际上"夸"是言语没错，而"奖"的本质是成就的纪念物，是心理上的肯定。大力神杯、诺贝尔奖牌、奥斯卡小金人——单说那个奖杯，其经济价值肯定是没有其背后对辛苦付出的肯定意义大。对孩子来说，夸奖不应该涉及物质奖励，而应该集中在言语、精神的高度认同以及给难得的成就留下纪念品。

物质奖励对孩子的激励作用只能短暂地持续一段时间，你给孩子买一个玩具汽车来奖励他认真学习，玩具汽车过一段时间就会被玩腻的，玩腻之后，玩具汽车便不再具有激励孩子继续努力的作用，奖励的意义也就随之消失。而言语的肯定和心理的认同，则会在孩子心中留下一种奖励体验的记忆。这种记忆具有累加作用，也就是说，孩子在不同事情上得到的奖励体验会不断积累，这种体验的感受会越来越强。这样，即便在父母不在场的情况下，孩子做了一件曾经被夸奖过的事情，心中的那种奖励体验也会被激活，就好像孩子心中的那个父母又夸奖了他一样。这便是孩子心中建立起来的自信。

原则三：家长应该积极寻找孩子值得夸奖的方面。

很多家长会感觉自家孩子没什么可夸的，那是因为你认为孩子身上值得夸的东西太少了。因为夸奖这件事情不仅是一种言语奖励，更是父母对孩子的一种认可和肯定。对于成年人来说，可能在生活中获得认可和肯定的次数太少，或者说频率太低，以至于我们已经习惯了缺乏认可和肯定的生活。也许只有取得非常好的工作业绩后才会得到认可，也许只有拿下某个大项目后才能得到肯定。当我们自身习惯了缺乏认可和肯定时，慢慢地，我们会忽视孩子身上那些本应被赞美的优点。

而真正值得夸奖的远远不止成绩、才艺与天赋，好奇心、善良、专注、兴趣、幽默，甚至失败过后的乐观，都是值得夸奖的。生活中不是缺少美，而是缺少发现美的眼睛。同理，孩子们身上不是没有闪光点，只是我们缺少发现它们的能力。

怎样让夸奖走心地落在实处？

在了解了夸奖的三个原则之后，结合这三个原则，我们可以运用什么样的技巧帮助孩子提高自信呢？

首先，就是不要进行任何的"物质奖励"。

不少研究都发现，孩子对于物质越敏感，那么对于社交活动本身的投入程度就会越低下。而物质奖励本身则会增加孩子对物质的敏感度，让他们更投入和器物打交道的过程，反而忽视了和人打交道的重要性，这对于孩子情商的发展会产生严重的破坏性影响。所以我们的夸奖，千万不要采用"物质奖励"的形式。

"孩子你今天表现得真好，妈妈给你买个变形金刚。"这就把夸奖变成了奖励，进而让孩子的优良行为变成了交易所需的商品。其实，孩子的那些优良表现很有可能是打心眼里做出来的，是自发的。孩子最初可能是出于好奇，想尝试做家务，可恰恰家长奖励的一个玩具，把这种主动和内在的动机变成一种物质化的交换物。看似是个你好我好大家好的多赢局面，可实际上，家长轻而易举地毁了孩子对于这件事情的投入与热忱。当孩子发现做家务可以换来玩具车或机器人时，做家务这件事情就不再有趣，而成了工作。难道不是吗？工作，不就是为了获取物质奖励而做的事情吗？

其次，鼓励那些能让孩子有自主能力的特质。

有研究发现，夸孩子"聪明"不如夸孩子"努力"的效果好。原因很简单：孩子对自己的聪明做不了主，但是对自己的努力程度可以。倘若孩子表现不错，家长夸了他"聪明"，而下次孩子表现没那么好的时候，他会归结为自己"不够聪明"，而聪明与否并不是一个人立刻就可以改变的，孩子的自我修正意愿也就会大打折扣。而夸孩子"努力"，则会让孩子在遭遇挫折的时候有更正确的归因——"是我还不够努力，再多下点功夫就可以了"，进而转变为优质的行为结果。另外，有研究发现夸孩子聪明会增加他们在考试中的作弊概率，因为孩子们深知"聪明"这个优质一旦丢掉了，就不太容易拿回来，所以会用更极端的方法来保持好成绩。

此外，夸孩子努力，会让孩子从小就意识到，想要获得成功，就要付出努力。这样，无论将来孩子走上什么样的工作岗位，都可以凭借努力而取得至少不差的成绩。但如果只夸孩子聪明，孩子在成长的过程中，在做一件事情前，总会想着先看看自己在这件事情上聪明与否，如果不聪明，就干脆不努力了。这反而会让孩子不愿意去尝试挑战，只想把取得成功的希望寄托于自己的天赋，却忽视了成功都是通过勤奋和努力得来的。

再次，不要让鼓励的强度超过孩子的真实水平。

有的家长在夸孩子的时候容易越界——孩子没那么努力，却夸孩子很努力；孩子没那么勤奋，却夸孩子很勤奋；孩子没那么出众，却夸孩子睥睨众人、天下无敌。不要用夸奖给孩子套上"皇帝的新装"，夸的时候大家可能一时爽，但如果孩子某一天反应过来自己其实没有这么好，那就可能面对更大的打击和风险。夸奖也是应该建立在尊重客观事实的基础上的，让一个人误以为拥有自己没有的东西，其实是害了他。

有很多家长可能会说，我们这是希望通过鼓励来引导孩子朝他们希望的方向去发展。例如，有的家长希望孩子能更加努力学习，所以只要孩子稍微努力，就报以一顿夸奖。但家长们不知道的是，这种不符合孩子预期的夸奖不但起不到鼓励的作用，反而会让孩子感受到，原来自己不需要很努力就可以得到这么大的夸奖，那以后不用那么努力了吧。

复次，夸人，别仅仅夸他做的事。

我们在夸奖孩子的时候，孩子应该构成夸奖的核心对象，而不是这个人做的某件事。一味地说"单词背得真棒""积木搭得真好""跟爷爷真亲"效果远远不如——"孩子你学东西真的很认真，学得真的很快""孩子你真有创意，将来一定能成为一个特别棒的建筑师""孩子你这么有礼貌，一定会是个受人欢迎的人"。

对孩子的夸奖，可以让他把受到表扬时良好的感受和自身的品质结合起来，而不是只和自己某一次的行为或做的某一件事结合。因为构建自信的核心内容是，在孩子心中留下那些能让他感到自己很不错、很有价值的记忆。所以，让孩子觉得不仅是事情做得好，而且做这件事情的自己也很棒，这才是最重要的。

又次，对孩子的夸奖，要走心。情感共鸣本身也是一种鼓励。

我们在夸孩子的时候，大可不必吝惜口舌与情感。很多家长（尤其是爸爸）在夸孩子的时候过于简单，只有一句"挺好的，玩去吧"，其实是很难达到孩子们对夸奖的预期的。除了漂亮的话之外，情感的共鸣也是夸奖的必备要素。当老板带着无所谓的态度跟我们说"干得挺好"时，我们也会觉得这种夸奖没什么意义。当你夸孩子的时候，请你看着他、带着些感情、提高一点音调、多说几句。这样的夸奖才显得有温度、有力度，才能让孩子觉得我们走心了。

最后，要单纯地夸奖，不加"但是"。

很多家长在夸孩子的时候，特别喜欢在夸奖后加一句：但是，要是再怎样怎样就更好了。这样的夸奖是毒药。给大家举个例子。

我有两个朋友，我们经常组织三个家庭一起去爬山、吃烧烤。这两个朋友也都有孩子，他俩的孩子年龄相仿。但这两个朋友对孩子的优秀表现却有着截然不同的反应。朋友甲对于孩子的优秀表现很敏感，同时也很会夸人："你穿肉串很快啊，而且还穿得这么整齐，一定是考虑到了这样弄等下更好烤！真是干活小能手！你穿的串给爸爸多留点，爸爸等会儿要多吃！"孩子听完，更是满心欢喜，干劲儿十足。

而朋友乙则不一样。他不是不夸孩子，而是每一次夸孩子之后都要加一个"但是"，这让孩子不胜其烦。他会跟孩子说："你穿肉串很快啊！而且还穿得这么整齐，但是我觉得，要是一块瘦肉一块肥肉交叉着穿，等会儿烤出来会比你这么穿要好吃。"

我们在表扬孩子的时候，走心的同时也要注意，千万别来急转弯，因为这一个"但是"就会让表扬的积极体验瞬间崩塌。很多家长可能认为自己在表扬过后，就是应该提出一些改进的意见和更多的想法——"为了让孩子更好"嘛，但是这些建议大可不必跟表扬衔接得这么紧密，这其实很影响孩子的体验和感受，也让建议之前的表扬显得越发廉价。因为表扬应该是完全认可，而加了"但是"，重心就跑到了后面的建议上，表扬的感受就会完全消失，孩子反而会感受到被教育、被指责。不但不能起到鼓励的作用，反而会严重地打击孩子做事的积极性。

这不，朋友甲的孩子越发勤快，而朋友乙的孩子则开始在其他人忙活的时候玩手机游戏了——他逃离了那些"但是"，可也远离了表扬。

对孩子给予积极、正向和主动的认同，固然可以促使孩子拥有更强烈的自我认同感，自信心也会得以提升，但很多家长的问题却不在于没有夸孩子，而恰恰相反——夸孩子夸得太凶太狠。

　　要知道，过犹不及，很多时候，对孩子过度的认同，也会伤及孩子与家长的关系。

如何不让孩子"翘尾巴"?

你肯定听说过这样一句话：好孩子都是夸出来的。

但实际上，这个"夸"可要比绝大多数家长与教育工作者想象的更加深刻与复杂。夸奖、表扬、鼓励、认同、奖励，这些养育手段都是通过种种不同的积极反馈，让孩子意识到"我做对了！我能做到！"

关于积极反馈对孩子的积极影响，心理学界与教育学界已经有了很多研究。但是，认同方法从形式到内容都不统一，以致很多家长都在采取一种"破坏性认同"而不自知。

破坏性认同

所谓破坏性认同，便是看似鼓励与表扬的话语，实际上对于促进孩子的发展、成长、自律与进步并没有起到积极作用，甚至还因为种种心理机制的影响，反而会拖孩子的后腿。

孩子通过自身的行为得到家长的认可，这一点错都没有。但是家长表达认可的内容，却有着优劣之分。学术界在学习理论上基本已经达成了共识，把家长给孩子的认同表达分为三类。

第一类是物质上的，比如增加零花钱的额度，或者买个心仪已久的玩具；第二类是额外的特权，比如可以多玩一会儿电子游戏，多看一集动画片；第三类则是有社会属性的奖励，比如获得更多的来自其他人的关注，爸爸会花更多的时间陪孩子旅行，妈妈表达自己因孩子的成就而得到的喜悦。

从大量的研究来看，第三类认同所起到的效果最好，这哪怕对成人来说都是成立的。但是中国的大部分家长却过度地采用了前两种类型的积极反馈，并且伴随着一些不该有的标签与价值观，这样的认同，就是我们所说的"破坏性认同"。

在中国，最典型的破坏性认同之一，当数过激鼓励。

我所认识的一个男生名叫元宝，8岁了，时常处在情绪兴奋的状态。他说话声音极大，手脚无意间随意地大幅度摆动总会伤及无辜。每次在老师提出问题时，他总是大声抢着说出答案，这让遵守课堂纪律举手等待发言的同学感到气愤。有时他会对别人的答案嗤之以鼻，说："哎呀！你们太笨了，说得一点都不对！我聪明，我会！"和同学组队合作完成老师布置的任务时，他在没经过其他成员允许的前提下，给别人分配工作说："你干这个，你弄那个，你得把这些折起来才成……"他还希望大家都按照他的想法做，结果没有人听他的。他成了同伴中不受欢迎的人，以致大家不愿意和他一起玩。

人们通常会首先认为，导致元宝在学校交往中碰壁的主要原因是他缺乏良好的社交互动技巧，只要让元宝学会技巧，问题就能迎刃而解。但事实并非如此。我们在帮助他习得如学会等待及与人合作的方法后，他在团队成员中的"小霸主"形象有些许改观。但元宝的"只有我最好，其他人都要听从我指挥"的顽固认知才是造成该结果的关键所在，我们需要找到促成元宝该行为背后的真正内因。

症结出在元宝妈妈身上。

"我们元宝最棒了！从小聪明受欢迎。上幼儿园时，一次区领导来园视察，我们元宝是迎接领导小队的成员之一。领导刚走进幼儿园大门，我们元宝就大声对着领导说：'小朋友们，我们欢迎叔叔的到来！给领导和老师一个大惊喜。'事后他们老师还问我是不是我教他说的，我们哪儿教他了，是我们孩子自己聪明。就这件事我跟元宝说：'你这样做太棒了！就得什么都第一个说，妈妈必须奖励你！你要什么都给你买！就得这样做才行，你是最好的！'"

"还有很多这样的事情，有一次带他去参加亲子夏令营，老师让他们组用树叶做衣服，我们元宝一下就抢在最前头，让其他孩子做这个做那个，还指导其他孩子怎么才能做好，给我开心坏了，觉得他未来能当领导，就为这事我也要多奖励他！"元宝妈妈激动地说着，眼中满是骄傲和自豪。

元宝妈妈过激的鼓励是在强化及固化孩子形成"只有我最棒，我最聪明，其他人都需要听我指挥"的观念和行为，她需要意识到错误的鼓励观念不仅不会帮助孩子形成健全的人格，反而会严重阻碍孩子成长中健康的人际互动。妈妈找到我们的时候就已发现孩子"失控"了，元宝惯用的、被妈妈一直认可的、无时无刻都给予物质奖励的、凸显自己"最厉害"的方法在同伴互动中不仅无效，还得不到接纳，这使他陷入时而低落时而暴躁的情绪中。

在做了有针对性的咨询后，元宝妈妈不再使用"你最棒，你要什么给你买什么"的鼓励方式来回应孩子伤己伤人的行为。她先清除了错误的认知——领导力不是在团队中凸显自己的霸主地位，随意调遣、掌控他人；并建立了正确的认知——领导力是愿意倾听成员的想法，有同理心，了解团队成员的能力，组织成员最大化地发挥自身优势实现合作共赢。

带着这样的观念，元宝妈妈修正了自己的教育方法。

一次下班回家，她一进门就看到了情绪低落的元宝。她马上想大声质问是不是在学校被欺负了，并告诉他怎么还击，但是她想起了我们之间的谈话，于是忍住情绪，假装什么也没有看到，和元宝打了声招呼后就去厨房准备晚餐。到晚饭开始的时候，元宝依然没有精神。妈妈告诉自己要平静且耐心，并要用我们告诉她的方法试一试，于是问："元宝，妈妈看到你有些不开心，愿意和妈妈说说吗？"元宝说："妈妈，其他人都不想和我玩，没人和我一组。"妈妈摸了摸元宝的头说："元宝，妈妈能明白，你想和别人一组但是没有人和你一起，你有些伤心。妈妈觉得下次和同学玩的时候，你可以看看大家有没有需要你帮忙的地方，你可以主动地帮助大家整理一下场地、帮助大家拿拿工具。不要着急说自己的想法，先听听其他同学怎么说的，也许你会发现他们有很多有意思的想法。即使你觉得他们说的和你想的不一样，也没有关系，因为本来每个人的想法就不太一样，你愿意试试吗？"第二天放学，元宝兴奋地和妈妈分享这天在学校发生的事，他说他帮大家打扫了活动教室，听到有人说了一个特别有趣的想法后他给对方鼓掌，结果没想到有个男生邀请他一起玩。"妈妈，我想下次再试一试。"元宝说。这次妈妈什么表示奖励的话都没有，只是向元宝温柔地一笑。

在我们看来，这个方法能获得成功有三个原因：第一，妈妈忍住了情绪，保持了耐心而平静的状态；第二，妈妈理解孩子的心情，愿意倾听孩子的心里话；第三，避免言辞犀利的说教，而是用分享方法的形式告诉孩子可以尝试新的方法；第四，也就是对于元宝及妈妈最重要的一点，没有不合时宜及不正确的鼓励，不做无效且破坏性强的奖励，而是用微笑代替。

诚然，过度激励会让孩子拿一些不自知的错误行为当作想当然的正确。但是，很多家长在破坏性认同方面另有症结，便是过度强调奖励的力度，不是认同孩子，而更像是"买通"与"贿赂"孩子。接下来，我们就谈谈这第二类破坏性认同。

别让奖励毁了你的孩子

除了共情能力的缺乏外，家长们在日常生活中的一个常见举措，也影响了孩子社交能力的发展，那就是建立在错误的鼓励观念之上的鼓励行为，也就是我们说到的第二类破坏性认同。

鼓励本身是一种存在于亲子之间的、非常优质的互动形式，但不幸的是，大多家长对于鼓励的理解尚停留在"你好我好大家好"的初级阶段，以致说了好话，却办了坏事。

很多家长喜欢给孩子买奖品。我们总爱提"鼓励"这个词，但不少家长错误地把鼓励囫囵吞枣地理解为奖励——孩子有什么成就与贡献，都以物质作为奖赏。不少研究都发现，孩子对于物质，尤其是具有货币属性和一定流通属性的物质越发敏感，那么他对于社交及某一事物的真情投入，就会越发低下。

在一个实验中，实验参与者被要求欣赏一个画展，在这个画展里，呈现了多位画家、多个流派的 50 件作品，在参观画展的次日，这些人又被请到实验室，研究者们为其按次序呈现了 50 幅画——在这 50 幅画中，有的画参与者昨天看到过，有的昨天没看到。研究者的要求很简单：对于你在实验室内看到的每一幅画，尽量回忆一下你在前一天的画展中看见过没有。最终回忆的正确率在 40% 左右，人与人之间的成绩差距很大——因为人们能回忆出来的画基本上都是在前一天的画展里得到自己垂青的画作。

但是这个研究到这里只进行了一半。第二批次实验参与者在第一天逛画展的时候，看到的不仅仅是画作本身，他们同时还会看每一幅画旁边的标价——这幅画能卖多少钱。其实这个标价和这些画作是随机匹配的，跟每一幅画真正的价值和艺术水准都没有关系。但是在第二天，参与者在实验室里回忆起来的作品，就不再是自己喜欢的那些画作，事实上，他们印象最深的作品，跟他们对于这个画作的个人评价没什么关系——他们记住的只有一点，哪些画贵。

这个研究背后的道理很明显——当我们赋予一个美好事物

"价格"这个指标，并依此去衡量它的时候，那么我们对于这个事物的重心与关注点，十有八九也就跟着转移到钱上了。一个残酷的事实是：在很多情况下，我们对于事物本身的美好感知，我们对于事物本身的真正评价，我们对于事物本身的核心态度与综合意愿，都没有钱来得重要。

"大龙，你今天表现得真是太好了！妈妈奖励你个玩具车！这次想要哪款？"8岁的大龙从5岁半开始练琴，上周在钢琴班里表现突出，赢得了老师的赞赏。妈妈很开心，她觉得必须及时奖励，这样才能激发大龙练琴的动力，从而提升孩子的专业技能。就像以前一样，只要大龙表现好，妈妈就不重样儿地给他买各种玩具，这些玩具散落在家中的各个角落。这次大龙并未像以前一样开心得跳起来，而是简单地"哦"了一声。"下个月的钢琴比赛你要是得了冠军，妈妈给你买个更大的！回去得抓紧时间练琴啊！你特别棒！"大龙妈妈接着说。备战比赛期间，大龙很少练琴，整个人的状态一直很低迷，老师多次找他妈妈谈话，说孩子近期没有什么学习动力，问他怎么了，他也不说。最终，他拒绝参加比赛，拒绝一切和钢琴有关的活动。而大龙妈妈也陷入了焦虑的情绪中，不知如何应对。

"你今天表现得真是太好了！妈妈奖励你个玩具车！这次想要哪款？""下个月的钢琴比赛你要是得了冠军，妈妈给你买个更大的！回去得抓紧时间练琴啊！你特别棒！"大龙妈妈的话无疑是把鼓励变成了硬生生的物质奖励，而物质奖励又让孩子的优良行为（喜欢弹钢琴，享受弹钢琴所带来的愉悦）变成了交易所需的商品（练琴、得奖就能获得玩具）。

大龙妈妈没有意识到，其物质奖励背后的内在动机是一系列令人窒息的"期待"和"强迫"，即我是为你好，现在好好练琴，以后进入社会就能多一项技能；都给你买玩具了，你就必须按照我说的做；好好练琴，取得成绩，给我向他人炫耀教子有方的机会……而孩子最终的消极应对就是这场"期待"和"强迫"派生出的必然结果——我厌倦了获得成功就等于得到玩具；我喜欢弹钢琴和玩具有关系吗？我是真的喜欢弹钢琴还是享受得到玩具时的喜悦？我厌倦了为了实现你的期待而辛苦练琴，取得好成绩，最终却换来你无关痛痒的夸赞和仅有玩具的结果……当然，这些内在的动机妈妈和孩子自身都不清楚，而我们能看到的结果，即妈妈的焦急状态及孩子放弃钢琴的行为。

其实，孩子在刚接触新鲜事物时，如钢琴——练指法、识谱，和其他小朋友相互探讨、切磋交流等积极表现是发自肺腑，打心眼里来的，而恰恰家长奖励的一个个玩具，把这种主动和内在动机物质化、奖励化，甚至在一定程度上货币化了。看似是个你好我好大家好的多赢局面，实际上，家长轻而易举地摧毁了孩子对于这件事的全身心投入与热忱，抑制了孩子主动将喜好向专长发展的内在驱动力的形成。

我们对于良性社交的投入，以及对于任何在我们生命中常见的美好事物的投入，都深受"这件事跟钱挂不挂钩"的影响。身为成人，我们总说好朋友最好别一起做生意，就算做生意，也要"亲兄弟，明算账"。因为一旦做生意，业务的往来总和钱沾边，友情当然会面对严峻挑战——你一旦开始拿钱衡量你们的友情，你们的友情基本也就不值钱了。

孩子年龄尚小，钱这个东西就已经作用于其心理了。如果一个孩子打小就善于用物质的手段去衡量与评价周围碰到的一切，那他在未来的发展过程中，自然而然地会倾向或者利用这种习惯，再想纠正与改善，恐怕也会事倍功半了。对于大龙妈妈来说，即刻让大龙重燃对钢琴的热爱是无法实现的。但妈妈必须即刻反思自己行为背后真实的内在动机，并停止做出对"良好行为＋及时物质奖励＝成功"的这种公式化的强化手段，同时尊重孩子此时的想法（钢琴无趣）及行为（拒绝弹琴）。耐心地给孩子一些时间，多带孩子参加户外活动，如爬山、郊游等，拉近并建立和谐的亲子关系；适当、温和地向孩子表达感受，如："今天和你一起爬山我觉得很开心，谢谢你""妈妈为你经过努力取得的进步感到骄傲"等，同时多用肢体互动如拥抱、击掌、摸摸头等鼓励方式取代物质奖励。

当我们喜欢一个人，愿意与其建立关系，增加互动，并感到开心与舒畅的时候；当我们专注于某个事物，忘我地沉浸并享受其中的时候，我们为的是什么呢？很大程度上，为的就是社交与专注本身。

对于大人而言，"应酬"是一件很让人头疼的事。为何同是喝酒吃肉，跟三五个好友就能无拘无束，陪着客户就总是浑身不舒服？归根结底，应酬这种社交不够纯粹，增加了价码，增加了标签。对孩子而言，也是如此。

当然，奖励的出现，在很大程度上就是因为它具有直接"兑换"某些行为的能力。"你不给点小恩小惠，孩子根本就不动！"很多家长的确就面对着这样非常现实的问题，也的确，很多孩子总会以"我不行"这样的陈述来搪塞家长。那这些口口声声说"我不行"的孩子，到底行不行呢？

孩子抗挫力差，怎么办？

有害的期待

"叶老师，我们家阳阳和我一样，数学不好。一遇到和数学有关的题目时，她脑门儿、手心儿就冒汗。老师跟我说上数学课叫她回答问题，她整个人跟被抽空一样。回家后我给她辅导数学题，让她自己练一练，她就一直跟我说：'妈妈，我不行，我不会做。'一碰到跟数学有关的事儿就会情绪崩溃，我怎么鼓励她都没用，真是愁死我了！"阳阳的妈妈找到我，无奈地讲自己所遇到的困难。

其实像阳阳妈妈遇到的这种情况并不少见，很多家长都会来找我，告诉我他们的孩子经常在某一方面说自己不行——不管他本人是不是真的不行。而且这种情况还不局限在学习方面，有时候班级组织文艺活动，让孩子上台表演个节目，孩子还是一直说自己不行，表演不了。有的孩子更严重，可能连上课回答问题都不敢，更别提班级演讲或竞选班干部了。究竟是什么原因让孩子开始爱说"我不行"呢？

在回答这个问题之前，先让我们看看那些孩子说"行"的情况。"儿子，来和爸爸一起打局游戏？""行，太好了。""女儿，明天妈妈带你去公园玩呀？""好呀，妈妈真好。"

说到玩，没有一个孩子会说不行。可能你要说："这不是废话吗，谁不愿玩呀？"

但你有没有想过，玩和学习对孩子来说最大的不同到底在哪里，是什么让孩子的态度出现了转变呢？

和学习相比，玩是一件没有压力的事情。

父母不会对孩子玩得开不开心提出要求，恐怕少有父母说出这样的话："孩子，好好玩，至少得玩出 90 分的快乐才行！要不然不许吃饭！"但相应地，"孩子，好好学，这次考试数学至少得考到 90 分才行！要不然暑假的旅行就取消！"类似的话我们再熟悉不过了。

在很多家庭里，学习是一件让孩子很有压力的事情，与此同时，这种压力在很大程度上来自父母对孩子的过高期望与不当管理，而跟孩子自己的客观能力关联不大。

注意，有期待，没毛病，但不靠谱的期待，那就有毛病。

望子成龙，望女成凤，就算每一位父母都如此期待，那也是正常的，毕竟谁不盼着自家孩子好呢。但如果父母对孩子寄予的期待，超过了孩子能够满足父母期待的能力，比如，不仅要孩子有特长，还要孩子事事都擅长。那这种期待，不但不能作为动力激励孩子努力，反而会成为一座大山，压得孩子喘不过气。

"我不行"在很多情况下，其实就是孩子在告诉父母："爸爸妈妈，你们的期待，我做不到。"

互相传递的焦虑

很多时候，孩子说做不到，其实只是希望身上背负的压力可以减轻一点。而在现实生活中，这种对自己的否定反而会成为引发父母焦虑爆棚的导火索，因为他们自己也不是万能的——成年人的无力感，很多时候是要多于孩子的。在这样的情况下，焦虑成了传染病毒，在亲子身上反复暴发。

家长们认为，想结束这种焦虑，最有效的方法，就是让孩子"行起来"。

跟阳阳的妈妈类似：自己做不到的事情，都很希望孩子可以做好。这在心理学上被称为"补偿机制"。

我见过有自己害羞自卑，却希望孩子能够开朗表达的；见过自己身材走形，却批评孩子练舞不够刻苦的；见过自己沉迷电子产品，玩起来没日没夜，却要求孩子一定要专注上进、好好读书的。

当要求他们改变时，他们会说自己上了岁数、工作太忙、没有童子功的基础，但聊到对孩子怎么高标准严要求时，却都显得很有心得。

在很多家庭中，这都是一种可悲的"宽于律己，严以待人"。

妈妈可能会说："孩子，妈妈当年就是吃了数学的亏，你可一定得把数学学好。"或者是："孩子，妈妈数学不好，辅导不了你，你得自己多努力，千万别把数学落下。"所以对"阳阳们"来说，从一开始，他们就是带着父母定的目标和巨大的期待来认识数学的。

听到妈妈这么说，如果你是阳阳，你会有什么感受？放在我身上，可能会这么想："妈妈当年数学就没学好，那数学肯定很难呀，我能学好吗？""我数学要是有了不会的题，妈妈也帮不了我。"从一开始，孩子就抱着害怕和怀疑去接触数学，父母这种对孩子能不能学好数学的焦虑，在孩子开始学习之前，就已经传递给了孩子。

可想而知，当带着深切期望的妈妈听到阳阳说"妈妈我不行"的时候，焦虑便会被进一步放大，也就会变本加厉地要求孩子努力学习数学。本来孩子说自己不行，是希望能减轻一些压力，但妈妈对此产生的焦虑反而让孩子的压力越来越大。

受损的自信，泛化的"不行"

互相传递的焦虑，会让阳阳越来越逃避学数学，这已经够糟了吧？但真实情况，远没有只是数学一个科目不优秀这么简单。

一定要警惕，当孩子通过用否定自己的方式来希望降低父母对他们的期待时，不断说自己"不行"，会让他们真的变得"不行"。

当孩子说自己在某一方面不行时，其实心中也会强烈地体验到自己的那种不够好。在这样的纠结下，又无法把不能满足父母的期待归咎为他们期望值太高，而更多只能归咎为自己做得不够好，不够努力，或是不够聪明。总之，会在心中对自己产生普遍否定的评价。很多时候，搞不定一件事不可怕——毕竟人不是万能的，但因为搞不定一件事，加上父母的责备，导致认为自己搞不定所有的事，那就太可怕了。

这种"我不够好"的评价，会随着孩子一次次地自我否定而累积，在心中形成一种深深的自卑感，认为自己确实在某个方面不如别人。对阳阳这样的孩子来说，受损的便不仅仅是对学习数学的自信心，如果在其他方面得不到积极、肯定的体验来抵消这种负面体验，这种对自己不够好的评价会进一步泛化到其他方面，进而导致她在各个方面都开始害怕尝试，不敢探索，最终真的变成了一个爱说"我不行"且的确不太行的孩子。

那么，怎么办呢？

期待合理化，减轻压力

从父母的角度来说，解决思路的核心原则就是：养育期待合理化。

我给阳阳妈妈出的主意就是，让她先接受现实，不要再铺天盖地给孩子施加过高的期待，而是理性地慢慢来。毕竟，现在阳阳对数学表现出的抗拒已经不只不爱学这么简单了，发脾气加出汗，可见孩子内心的抵触有多么强烈。父母首先做的，就是跟孩子一起设定一个可行的阶梯目标。

短时间里学好数学，这样的过高目标不切实际，同时也会大幅增加孩子的压力，但设定阶梯目标则要好很多。可以先从"止损"开始，让这种对数学的恐惧先不要进一步加重，也许先从不继续让成绩恶化开始，是一个大家都能接受的早期目标。

当孩子发现妈妈给自己的目标是可以完成的，而以前从没有过类似情况的时候，内心对于失败的恐惧便会减轻很多。

接下来，让孩子自己定一个他认为可以达到的目标。注意，这应该是孩子自己的目标，不应该是一个集体的目标，也不应该受家长的影响。只有孩子自己知道，什么样的目标会给自己带来多大的压力。即便这些目标可能在家长看来太过简单，但要明白，他们现在处在信心培养阶段，数学成绩和自我认同都是他们的培养目标，只要让孩子感觉自己能接受，那便是最好的。

最后，也是最重要的一步，就是让你的孩子思考一下，实现自己的目标有哪些内在障碍，也就是与"我不行"相关的那些阻力——比如，自己的时间安排、精力管理、基础知识要不要补，等等。父母要做的，是帮助孩子找到这些内心的障碍，并在它们浮出水面时，和孩子一起应对。永远要记住，让孩子能完成目标，能从中产生"我能行"这样的良好体验，是你们设定阶梯目标的目的。

践行"目标工程"

大量的研究证明，良好的目标管理，可以有效地提升人的行为动机。

如果一个孩子可以幻想完成了他为自己设定的目标，甚至能让大脑误以为"我已经真的完成了"，进而促进行为动机。把目标写下来也能起到类似效果——这同样是一种有力的强化，如果你的孩子亲笔把自己的目标写了下来，那就构成了一种重要的提醒：这是他的目标，而非你的目标。

把目标写下来，有助于人们更多地让前额皮层参与操作，也是提醒人们即将打一场持久战。我上高中的时候，台灯上一直挂着一张拿破仑的照片——那是我爸买皮鞋时，在鞋盒子里面随鞋赠送的。我再举个不太恰当的例子，衡水中学邯郸分校门口，还放着俩坦克呢。一台 69 式，一台 62 式。更重要的是，这俩坦克上面的编号才是真正核心的意义——一台编号 985，一台编号 211。这就叫作目标的可视化。

与此同时，家长还可以准备一个照相机——当然，手机也没问题，每当孩子完成一项目标后，例如数学从 60 分考到 70 分，给孩子和他的目标成果，这张 70 分的考卷拍一张合影。要注意，这张照片一定要洗出来，摆在家里孩子学习的桌子上，或是贴在墙上。因为这是成功的记录，当孩子可以用眼睛直观地看到自己的成果时，他会强烈地体验到这种成功的喜悦。

类似的方法还有很多，但万变不离其宗。方法上，家长们可以根据孩子的实际情况进行改进。但要注意，一定要关注孩子自身的感受，要真正让孩子体验到成功，才能起到把"不行"变成"行"的作用。

当然，在"自我管理"的层面，除了认为自己做不到而不做的情况外，还有一种让人挠头的问题：孩子明明能做到，但就是不愿意"自己的事情自己做"。很多时候，孩子的能力问题家长能理解，但孩子的态度问题，家长却实在是缺乏有效的管理手段。

怎么办呢？

怎样培养孩子自己的事情自己做？

散落一地的玩具

我有个朋友，他是一位有个两岁宝宝的细心奶爸。

有一天他突然跑来问我："老叶，你说我家孩子每次玩完玩具后，我到底该不该帮他把玩具收起来？"

听到这个问题，我立刻意识到，朋友在收玩具这个问题上，对孩子的习惯养成产生了担忧，于是我就问他："你觉得，收与不收的区别是什么呢？"朋友说道："我家孩子吧，每次都要把所有的玩具拿出来玩一遍，玩完了呢，就随手一扔，到最后啊，家里的玩具散落一地。我觉得孩子小，所以之前都是我直接给他收拾起来，但后来我突然意识到，这样时间长了，以后他会不会什么都不自己做了呢？"

其实我这位朋友担心的，就是孩子能不能养成"自己的事情自己做"的好习惯。我相信这也是很多父母都会遇到的一个问题，也是大家都很关注的一个问题。

稍微罗列一下，就不难发现，与"自己的事情自己做"相关的生活习惯，往往是孩子们最先接触与掌握的习惯类别，是其他更为高级的习惯的前置练习，更是孩子在成长过程中学会"独立"的重要前提。

"自己的事情自己做"是许多良好的生活习惯中的一种，好的生活习惯保障了好的生活品质、适宜的生活节奏和较高的生活效率，是孩子成长的刚需，它直接关乎一个人会不会把自己的生活过得精致。生活习惯的养成，源自家长与孩子的朝夕相处，但其实很多家长在培养孩子良好生活习惯时，有很多不自知的误区。

那到底应该怎么做呢？

习惯养成的"就近原则"

我想你在有了孩子之后，买过不止一本讲解孩子发育历程的书籍，无论是讲心理发育还是生理发育，这些书一定都会根据孩子的年龄，提醒家长要注意其在不同阶段的发育情况。例如，一个月的时候会握拳，两个月的时候会吮吸手指，三个月的时候会翻身等。这就是我们经常说的"儿童发育时间轴"，在特定的阶段，儿童生理和心理会有特定区域的发育，只有在符合发育区的时间段去训练儿童才能起到事半功倍的效果，如果家长非要训练一个三个月的孩子坐起来，那就是给自己和孩子找罪受。

相应地，我们在培养孩子的好习惯时，也一定要时时牢记一个概念——最近发展区。这个概念是由教育心理学家维果斯基提出的，指的是"孩子现在能做到的"和"孩子通过教育激发潜力后能做到的"之间的差异。虽然绝大多数2岁以上的孩子就开始学习如何进行自我管理了，但生活习惯的获得，并不是一蹴而就的。我们期待培养孩子的生活习惯，一定要落在孩子习惯养成的最近发展区内才有意义。孩子已经做得很好的，没必要去过问；孩子再怎么努力也暂时做不到的，也不用着急培养。要用好习惯养成"就近原则"，在这个基础上，我们才能给孩子提出恰当的要求与任务，其习惯的养成才会有意义。

所以父母们千万不要步子迈得太大，不然容易适得其反。孩子就算做如厕练习，也是要分好几步渐进学习的，比如，跟父母主动说"拉臭臭"，脱裤子，使用练习马桶，使用家里的马桶，外出如厕，擦屁股，等等。选择能够匹配孩子当下最近发展区的行为要求，并做好练习，才能帮孩子养成好习惯。

模仿学习很重要

电视剧《人间正道是沧桑》里面有个角色叫董建昌，他带新兵时有一段训话很有意思："一我做给你看，二你做给我看，三讲评，四我再做给你看，五你再做给我看，六还是讲评，七你再做。"这话看似简单，但其实已经包括了我们人类最重要的一种学习方式——模仿学习。

而这种模仿学习，从孩子一出生就开始了。我们最开始试着让孩子学着叫妈妈的时候，家长就在反反复复地教孩子说："妈妈，妈妈。"孩子通过模仿，学会了叫妈妈。但随着孩子的成长，语言功能得到发展之后，很多家长便越来越忽视模仿学习对孩子的重要性。很多时候，家长们教育孩子要做什么，总是强调"做到什么地步"而不告诉他们"怎么做"，更不会跟他们讨论"如何做得更好"。比如，很多家长会直接说："把玩具收好！""把衣服穿上！""去刷牙！"告诉了孩子要做到什么，但却忘了孩子并不像我们，已经什么都会了。这样一来，缺乏直观的模仿学习过程，却背负了一系列的高标准、严要求，孩子只会体验到挫败，因此产生抗拒。

即便孩子已跨过了婴儿期，可以用语言交流了，但对于孩子没有做过的事情，特别是有一定难度的事情，家长们还是要耐心地给孩子做出示范，让孩子们可以通过模仿来进行学习。

做好孩子的后备军

训练孩子养成好的生活习惯，并不意味着家长能够成为"甩手掌柜"。

家长在训练孩子良好生活习惯、提高孩子自理能力的时候，千万不要让孩子误解，进而产生"爸爸妈妈在偷懒"或者是"爸爸妈妈撒手不管了"的感觉。家长这个时候是在训练孩子养成良好生活习惯，而不是训练孩子学会自立——虽然学会自立是良好习惯的终极目标。对孩子来说，爸爸妈妈的陪伴是很重要的，是孩子的安全岛，是孩子敢于尝试的力量源泉。如果孩子产生了自己做某件事爸爸妈妈就会扔下自己不管的感觉，那孩子就会变得非常抗拒去做这件事。

另外，爸爸妈妈还要向孩子表明，如果有什么搞不定的，他可以主动向爸爸妈妈求助，爸爸妈妈时刻准备着，而且非常乐意帮助他。我相信绝大多数家长都认同这一点，但很可能会忘记跟孩子说。毕竟，孩子在学习自己的事情自己做的时候，也有可能遇到困难，例如玩具不知道要怎么摆放，牙膏挤不出来，衣服扣子扣不上等情况。如果这种情况下孩子得不到爸爸妈妈的支持和帮助，那就会对自己做事情产生挫败感，反而会影响孩子习惯的养成，更不利于自信的建立。

和孩子做一样的事情

孩子在收拾玩具的时候，爸爸妈妈们在干什么呢？如果孩子在收拾玩具，父母却在玩手机，那孩子才不会乐意继续做这件事情呢，对吧？他要么会好奇地凑上来一起看，要么就会因为你不关注他而发脾气。

这种时候，爸爸妈妈们最好也能做一些类似的事情，比如：孩子收拾玩具，爸爸妈妈收拾衣服；睡觉前和孩子一起刷牙等。和孩子做一样的事情，创造"行为同步"，能更好地激发孩子的行为动机，所以"一起收拾""一起出门""一起洗漱"都是不错的选择。

让我们回到最开始的那位朋友的问题：我要不要帮孩子收拾玩具呢？其实在我看来，你何必如此生硬地割裂"收"与"不收"呢？跟孩子一起收，一边教一边学一边乐，甚至把收玩具变成另外一个独立的游戏，这难道不是更好吗？

下面让我们看一下在实际情况中要怎么做，才能起到"组合拳"的效果？

比如，我们希望孩子自己来收拾散落一地的玩具。首先，你们家要有一个固定的装玩具的容器，可以是个大箱子，也可以是个桶，并让孩子在日常生活中建立这样的认知：玩具平时就在这个容器里，玩的时候拿出来，不玩的时候放回去。随后，我们要给孩子正确的引导，给他恰当的任务难度。我们需要向孩子解释一下我们为什么要收拾玩具，比如"孩子，如果玩具没有收拾好，等下我们就没有地方跳舞啦"，或者"如果积木没有放回去，等下可能会把你的小脚扎疼哟"！

对于 3 岁以下的孩子，"把玩具放回玩具箱里"就是一个不错的任务。在这个阶段，我们没必要让孩子把玩具分门别类或者按特定要求摆放。与此同时，一定要注意，你提出你的期待就好，但千万别加什么"话作料"，比如"别人家那谁谁从来都不玩这么乱""你看看你玩具这么多，还天天吵着要"！与此同时，我们还要向孩子表达与他们合作的意愿："等把玩具都收好后，爸爸来帮你搬玩具箱子吧！"也可以尝试把收玩具变成一个有趣的游戏，如果多是毛绒玩具，家长可以抱着箱子，让孩子往箱子里扔玩具；如果多是积木和拼插玩具，我们则可以和孩子比赛谁拆得更快，或者轮流选择不同形状的积木放回玩具箱。

再如，如果我们想让孩子主动洗脸洗手刷牙，养成卫生好习惯，那就要以硬件为先。你可能需要一个板凳，来帮你家孩子提升高度，方便他使用家里的盥洗设备。而不是每次都是你一只手捞着孩子，还剩一只手帮他打理一切，这会让你更着急、更焦虑。引导依然是首要的沟通内容，家长有义务让孩子知道他们到底为什么要刷牙洗脸，保持卫生。

我老婆让我家孩子洗手前，她会自己先洗手，同时让孩子说说手都碰什么东西了，孩子会说出一堆东西——皮球、玩具、沙子……而我老婆这时候已经洗好了手，再告诉孩子："你刚才碰的这些东西其实上面都有看不见的细菌，你来闻闻妈妈的手，香不香？你再跟妈妈比比，你的手有没有妈妈的手干净？只有手像妈妈的这么香这么干净，等下才能吃饭哦！"在得到回应之后，洗手这件事就顺理成章起来。这样的引导未必需要频繁进行，一段时间后，孩子会自己建立这样的观念。随后便是对孩子与个人卫生相关的行为提供积极反馈："真是一个讲卫生的孩子，妈妈喜欢干干净净的孩子！"

至于趣味性，从我儿子小时候"用牙刷来数牙"的游戏，到现在"每天可以选择三个玩具陪着去洗澡"的共识，都起到了非常不错的效果。我的一些朋友还会唱《洗手歌》给他们的孩子听，如果你有兴趣，也不妨试试。

这些方法，都可以有效地让孩子停止在琐事上"假手他人"的行为，养成自律自觉，乃至精进成长的好习惯。

如何提高孩子的主动性？

　　对于孩子来说，自我认同最重要的来源，便是"我要搞定"的意愿，以及"我搞定了"的体验，而当今中国的家长在日常生活中，已经深深地明白不能打击孩子的自尊心，也不能否认孩子的价值感。这跟二三十年前的家长比起来，虽然是进步，但为了让孩子培养出健康的自我认同，家长们知道怎么做不对，却不知道怎么做才对。于是，将错就错地，很多家长就培养出了一种错误的养育习惯——代劳。在跟孩子打交道时，工作是我做的，功劳却都算你的。

　　可惜，孩子们不傻，他们不吃这套。

　　代劳这种养育习惯能够培养孩子的能力与乐观态度，只是家长们的一厢情愿罢了。

　　咱们先回溯一下，孩子从什么时候开始变得对自己没那么有自我认同感了呢？

　　姑且先回想一下自己和孩子的生活经历，你会发现，不懂事的孩子比懂事的大人，做事情要执着得多。

在生命的最初阶段，孩子的哭闹往往来自饿了困了尿了，而不会来自挫败感。他们比成人坚强与乐观，无数次地鼓起勇气去尝试，直到随着时间的推移与自己努力，达到了最终的目标。

从没见过哪个十一个月大的孩子因为说不出话而生气的，也没见过谁家不到一岁的孩子在学步时因为走得踉踉跄跄而委屈的。我家大儿子刚学会爬的时候只会倒着爬，在床上、地上，在哪儿都是"开倒车"，他要往你这个方向爬的时候，先向你笑一下，再掉转身子把屁股对着你，"噌噌噌"就爬了过来，大人们高喊"孩子你爬反了""你要正着爬啊"，但他从不生气，也不觉得自己做错了什么。

在这个阶段，孩子们都显得特别坚强——失败了也没挫败感，一不委屈二不愤怒，只是一次又一次地尝试，直到成功。

为什么呢？这是因为孩子们在不断地尝试以及对目标的冲击中，逐渐发现了自己对事物的掌控感。另外，他们对大人的评价还没那么敏感。

举足轻重的参与感

掌控感的实现形式有很多种，而其中非常重要的一个，叫作参与感。

我在 2016 年的一次工作变动过后，新工作的老总曾送过我一块黄玉镇纸，是柿子的形状，这颗橙色的"柿子"，意味着"事业有成"，上面还刻了四个字："做就对了"。

我觉得这四个字很能说明新生儿的心理状态，对他们来说，哪有什么胜败对错，"做就对了"嘛！

不过这种参与感，以及随之而来的胜任感，在很多家庭里立即就被家长们夺走了。

怎么讲呢？

你作为家长，在养育孩子的过程中，路你不能替他走，话你不能替他说，同时，日子你也不能替他过——对吧？

可惜，相当一部分家长不具备这样的觉知——压根儿就没意识到这些误区，哪怕父母认识到这些问题，很多带孩子的老人却没意识到。

孩子做不到的，你偏偏还要替孩子做，再跟孩子讲——"看！你做到了！"

所以我们见到了不胜枚举的代劳，某些代劳的成果甚至还署上了孩子的名字，但它并不能转化成孩子内心的乐观，因为孩子内心清楚，他并没有参与其中。就像这两位皇帝的区别：康熙八岁即位，十四岁靠自己拿下了鳌拜；同治却从六岁被垂帘听政到去世前两年，被慈禧代劳了一辈子。

代劳把孩子在情商中的自我认同带进了一种恶性循环：孩子没有参与感，所以没法把成就归因到自己身上，于是缺乏在这件事情上的自我价值，随后培养不出对这件事的良好态度，下次碰到了类似的事，就更不愿意投入，就这样倒逼家长再次代劳，恶性循环就这样一直转了下去。

你以为你大手一挥，再把硕果拱手让给孩子，他就能收获满满的自我价值？大错特错。

有的代劳是父母随手帮孩子完成了他自己想达成的目标，而更具中国化特色的代劳，则是另一种形式——本该孩子自己完成的自立行为、该早早培养的生活习惯，家长也照样代劳。

结果就是，孩子小的时候没机会培养自立的习惯，待到大了，却遭家长埋怨"干啥啥不行，吃啥啥没够"。

最常见的，就是无数中国家庭里的典型一幕：大人撅着屁股，撵着孩子，哄着喂饭。连吃饭这种没法代替的事情，家长都要掺一脚。在很多家庭里，还不只是一顿两顿那么简单，而是顿顿这样，天天如此。

吃饭这种非常容易让人感到"愿意"去做的事情，都能变成很多孩子每天的例行"刑罚"，想来竟并不让人费解：你看，作为吃了东西才不饿的饮食主体，孩子本人却根本不用为此做些什么。

在"好好吃饭"这件事上，孩子本人参与感太差，整件事情"皇帝不急太监急"，家长代劳太过完整，除了张嘴加咀嚼，孩子什么都不用干，他能有自我认同吗？

带来参与感的三个要素

在我看来，要让孩子对于一个事物有参与感，进而培养他对此事的认同感，而不被代劳拖后腿，有三个核心要素：高水平的投入，承担自己行为导致的自然后果，有一定的决策空间。

不妨以此举例，顺便谈谈那些追着孩子喂饭的家庭，到底应该怎么做。

首先，要保持就餐环境的纯粹，才能进一步保持孩子高水平的投入。既然这件事是要让孩子自己来做的，那就不要让他觉得"你喂我吃就行了，我还可以干别的"。吃饭嘛，食物、餐具、嘴，有这三样就够了。餐桌上的很多东西，以及大人带上餐桌的东西，都有可能给孩子带来负面的影响。尤其是手机和平板这类既让大人分心，又让孩子不好好吃饭的东西，很容易让大人作出错误的示范，也容易让孩子因为从小就看到大家边吃饭边玩手机而有了"本来就该这样"的错误认知。我们要让孩子知道，你的家人也很有趣，而吃饭是一个愉快轻松与好好交流的过程。

其次，让自然惩罚来代替说教、逼迫和"哄"，这就是承担自己行为导致的后果。"饿坏了怎么办"是很多奶奶满地追着孩子们喂饭时，很爱说的一句话。可在今天，你见过身边有几个孩子"饿坏了"？那些因孩子不好好吃饭而焦虑的家长，依靠不断地妥协和强人所难，让孩子一次都没体验过"不好好吃饭"的真正后果。而在孩子看来，自己根本就没有"饿肚子"与"吃不好"等风险，自己不吃饭，大人比我着急多了。其实饿一两顿没什么关系，没有哪种营养不良是饿一两顿导致的，而"不好好吃饭"的自然后果，会直接教会孩子——掌握长期收益的好习惯，其实是非常值得的。

最后，允许孩子有参与感，就一定要保证孩子在这件事上有一定的决策空间。所以，要允许孩子有不爱吃的东西，允许孩子一定程度地参与菜谱制定，不对孩子做餐具使用上的揠苗助长，管制零食。你是个成年人了，你是不是还有自己特别不喜欢吃的东西？比如香菜、冬瓜或者豆芽？同理，孩子对于食物也是有喜好和厌恶的，这很正常。家长需要先分清楚挑食、偏食和厌食。现在孩子们的食物可选范围很广，有一两样不喜欢的，也不一定会造成营养不良这类负面影响，当然，只吃肉不吃一口青菜这种情况肯定就需要介入了。同时，为了应对孩子"每一样都不喜欢吃"的情况，其实我们也应该允许孩子一定程度上参与食谱的制定，做点孩子喜欢吃的东西。有的家庭还喜欢让孩子早早地就开始练习使用筷子，但不宜过早开始使用复杂餐具的练习。用手、用勺、用筷子是一个正常的发展阶段，而弄得一团糟，更是一个必经历程。因为嫌孩子吃得脏乱差而越俎代庖，是中国家庭另一个常见的现象。

孩子小的时候代劳喂饭，孩子大了，还有更多代劳的"坑"。

比如 STEAM 教育，在北京的很多中学都已经成了名片级的教育项目。

在北京的某所中学，一个孩子研发了一个与航空航天高度相关的项目，从专业性、实用性、创新性等多个角度来看，都是一等一的作品。校方大力推介，这孩子带着项目一路高歌，直到有一个竞赛，要求除了陈述项目内容，还要面对专家组完成相关领域的专门答辩。

这下纸包不住火了，已经斩获不少奖项的少年，面对好几个基础问题毫无招架之力，后来一深究——项目差不多全是爸爸代劳的。

没这一出，孩子还真的可能成为一个上进的科研工作者；

有这么件事，孩子怕是要"一朝被蛇咬，十年怕井绳"了。

总之，在本章的最后，希望你能够收获两点认知——第一，"爸妈替孩子做好"不如"孩子自己做不好"给孩子带来的成长大，"代劳"很多时候把孩子带进了情商退化的恶性循环；第二，要想规避代劳，又让孩子自己有参与感，需要在三个方面做文章：孩子对任务的投入感，要让孩子承担自己行为带来的自然后果，以及给孩子一定的决策空间。

第 三 章

如何让孩子拥有好的
人际关系？

人际交流的三个关键词

礼节，友善，高效互动

比之自我认同，"人际交流"在情商的金字塔模型中，意味着一个更高的层级——他人的角色也终于被纳入了孩子的视野。

在这里，人际交流指的是我们的孩子与其他个体之间的沟通和互动，是一种点对点的人际关联。比如，孩子与妈妈之间、与爸爸之间的互动，就属于人际交流。与此类似，如果孩子碰到了一个陌生人，愿不愿意打招呼，也属于人际交流的层面。这个领域的情商表达，同样由三个关键词构成，第一个是礼节，它意味着孩子对于社会规范的一种掌握；第二个是友善，它直接关系到孩子能不能带着积极的心态去跟他人打交道；第三个则是高效互动，指的是在人与人相处的过程中，能不能在工作上、学习上以及情感体验上达到高效，而不那么"丧"，没有活力。

与此同时，人际交流的场合，也是家长们非常关注的情商应用场景。恰恰因为太多的关注，会导致这方面成为"关心则乱"的重灾区。很多家长用错误的方法、语言和认知，不仅没有让孩子的情商有所提高，反而起到负面作用。

比如，有五句在人际交流领域家长非常爱跟孩子说的话，就潜藏着不少风险。

五句家长常说的错话

第一句：快打招呼啊！怎么这么不懂礼貌？

孩子不打招呼，很大程度上是因为陌生人焦虑。这是一种非常正常的心理现象，绝大多数孩子在一两岁之前并不认生，而是随着年龄渐增，才逐渐有了家长眼里"不打招呼"的没礼貌行为。在提醒孩子该打招呼之后，家长往往带着责备的语气，或者恨铁不成钢的语气"补刀"，这才是更加致命的。比如，加上了这样的话："你怎么这么没礼貌""你咋这么害羞""你这样，人家叔叔阿姨不喜欢你了哟"。这些话非常容易给孩子贴上负面的标签，让他们越发地感觉打招呼不是一件自然而然的事儿，而是一个困难的任务，如果完不成代价很大，如果要完成，要求也很高。长此以往，当然是越来越不想打招呼，面对陌生人越来越焦虑，进入一个行为上的恶性循环。

那家长该怎么做呢？

郑重地介绍双方，为孩子打招呼提供实际入口。当我们做东请客，席间有几个朋友，他们彼此不认识的时候，我们是怎么做的呢？我们向甲介绍了乙，又向乙介绍了甲，甚至还会顺水推舟地戴个高帽："甲大哥可是咱们市有名的企业家，乙兄弟可是跟我有多年的交情，都是好朋友，你们等会儿加个微信，平时也能多交流交流！"这些话语给甲和乙提供了良好的沟通基础和交际入口。可孩子们打招呼的交际入口又在哪里呢？很多家长没有意识到，当我们的孩子萌生了自我意识之后，我们的确不能在很多场合再将他仅仅看作一个孩子了——他是个独立个体，配得上一次郑重的介绍。孩子见到陌生人，需要为双方介绍，以作为社交的起点。劈头盖脸没来由地就被要求喊"叔叔阿姨"，谁都不愿意。细细想来，我们欠孩子们许多次正式的双方引见。

现在都 21 世纪了，不要限制孩子打招呼的形式。其实绝大多数人能够接受来自孩子各种形式的"招呼"，当正式引见了双方后，我们可以让孩子自己选择打招呼的方式——一句简单的"早上好"，或者是洋气一些的"很高兴见到你"，甚至握手与拥抱，也都是可选项。对于绝大多数孩子而言，不打招呼并非因为不懂礼数或者恐惧社交，而更多的是被突如其来的沟通需求打了一个措手不及，以至于显得有些窘迫。这个时候如果让他选择自己喜欢的表达方式，会让他舒服很多。

如果孩子实在不愿意问候陌生人，不妨让孩子来说再见。人都有对陌生人的焦虑感，大部分成人都有着社交上的退避，更何况孩子。我们跟人问好，下一个阶段自然而然就是交流，对于交流内容和感受的不确定性，更会刺激孩子们不愿意打招呼。但是告别不会有这个问题，说"再见"之后就是各走各路。在办法用尽，孩子还是不愿意打招呼时，出于对"礼貌"的考虑，我们不妨先替孩子接过话茬，最后让他来个告别就行了。

不要强迫孩子问好，强扭的瓜不甜，大家都会尴尬。很多家长怕丢面子，孩子不打招呼就非要强迫，不管是沉默等待还是碎碎念，其实都是一种强迫。"下不来台"是孩子此时最直接的感受，而大人们也会觉得尴尬，如果孩子不是对人家拳打脚踢乱吐口水，而是安安静静地表现着陌生，那我们不妨先把孩子护在身边，跟对方随便客套几句，而不要让孩子成为人们关注的负面焦点。

第二句：哪里哪里，我家孩子不行的⋯⋯

家长对于孩子究竟有多重要？主要表现就在于，孩子总是会对家长的话信以为真。这样做的一大坏处，就是会让孩子拿家长对他的这种评价也当真。除此之外，还有一个额外的容易产生心理暴击的问题：这句话，在绝大多数情况下，都是别人在夸了自家孩子两句后，当着别人面，说给别人听的。

孩子在成长的过程中，有一个非常重要的心理意识，就是如何去保护"别人眼中的自己"，而来自父母的这种评价，对这种心理意识是一种非常直接的伤害。很多家长说这样的话，是出于对"面子"的考虑，但是，你要面子，难道孩子不要面子吗？

当着别人的面，甚至是孩子的朋友、同学和他们的父母，这样评价孩子，那让孩子的面子往哪儿搁？

这样容易造成三个最直接的负面后果。第一，孩子不知道自己到底是不是真的有某些优点。按理说，别人夸奖我了，我是有这个优点的，但我亲妈又一个劲儿地说我不行，我跟我妈当然是关系比较好了，按理说我应该听我妈的，那我到底有没有这个优点呢？第二，孩子当真了，破罐子破摔。你不是说我不行吗？没问题，那我就不行给你看。第三，伤到了孩子同样宝贵的社交颜面。既然我那么拿不出手，那我还带着什么优势去跟别人打交道？

家长更应该保持这样的话术：五分感谢，三分支持，两分期待。

所谓感谢，就是要同时代表自己跟孩子，一起带着积极的情绪，谢谢对方的表扬和夸奖。老外在这一点上就做得非常好，大大方方地、开开心心地说"Thank you"，我相信，你是肯定见过的。这种感谢，可以尽量涉及多一点的内容。比如，感谢对方能关注到自家的孩子，也感谢对方给自家孩子提供的鼓励；同时，我们与其自谦，不如在对方是家长时，顺便抬一下对方的孩子，在对方是老师时，捎带感激一下老师的付出。

之后的三分支持，指的是对于孩子能做到这一点的简要复盘与积极认可。

而最后的两分期待，则是要表现出对孩子越来越强的信心，以及准备表达要跟孩子一起成长的态度。

请允许我举个例子。

比如，跟孩子一起上英语班的小朋友的妈妈说："你家孩子英语真的挺好！说得很地道啊！"

我们可以带着孩子，有选择地用如下语句回复。

感谢："哎！真是太谢谢彤彤妈妈了，您这么一讲，我们家安安一定非常高兴，这就说明最近的练习还是有了很好的效果呀！"

支持孩子："我觉得安安是这段时间肯练、肯说，才有进步的，对吧？"

支持对方："不过我看您家彤彤，跟外教老师的互动也是非常积极，想必在家也一定有很好的练习吧！"

表示期待："我觉得，口语好，加上敢说，不管是彤彤，还是安安，英语都能越学越好！"

第三句：小明真不错，我家的就差远了。

这么说，会让孩子拿"攀比"来当作成长的动机来源，而非对于事情真实的兴趣与天赋。比如，我们想让孩子好好弹钢琴，是为了让孩子掌握弹钢琴的技能，借由弹钢琴提升审美能力和艺术情操，而不是为了和别人家孩子 PK 的，对吧？

但是如果在别人夸了我家孩子之后，甚至主动跟别人提到"我家的可就差远了"，实际上很容易让孩子背离学习的初衷。

很多家长爱说这样的话，是希望能通过这些话激活孩子"知耻而后勇"的感受。但实际上，耻感并不能解决孩子的绝大多数动机上的问题，反而会让竞争与攀比代替之前的兴趣和热情，给孩子拧上了被动的发条，却无法给孩子提供主动的内驱力。

家长应该怎么做？

如果你习惯在别人夸了你家孩子后说这句话，请参考我的上一条建议。但如果你总是用这样的话语来"鞭策"自家的孩子，那我建议你修正一下说话的方式与策略。

为了让孩子有更强烈与深刻的动机去学习、保持专注或者不害羞，我们作为家长，一定要建立这样的基本认识：当一个孩子感觉到压力非常大时，他是不可能静下心来学习、保持专注与大方表达的。

所以，我们不管怎么说，都不要再继续给孩子添乱了。如果别人家的孩子表现得很好，而你希望自家的孩子也能更进一步，不要再说类似"你看看人家"这样的话了，而要着力于减轻孩子的压力，跟孩子谈一谈，我们可能有机会做一些什么，才能达到跟对方一样的水平，而在这个过程中，你可以为他做点什么。

第四句：怎么害羞了？快，给叔叔阿姨表演个节目。

总是让孩子给别人表演节目，看似可以培养孩子大方外向而开朗的性格，但实际上，难免会让孩子陷入"取悦他人"的错误认知之中。我的一个朋友，今年二十三了，学了十几年舞蹈，如今也是很有水平的从业者，每年回家，却依然免不了被妈妈撺掇"给大家跳一段"。她每次都很不爽，终于在近两年，选择这样回复妈妈："年夜饭吃完了，地上滑，我这腿是吃饭的家伙，伤不起啊，万一出点儿事，下半辈子可就没着落了。"

我们不喜欢做总是取悦他人的成人，同理，孩子也不希望自己的行为仅仅是为了取悦别人。但每次都强加于人地让孩子表演这表演那，难免让孩子所具备的才艺的性质不再单纯。因为这种场合下的表演，跟孩子正式登台演出是不一样的，前者在孩子看来，很容易有被戏耍的感觉，而后者才是具体场合要做的具体事情。

那家长应该怎么做呢？

首先，就是不要再继续带着博眼球和取悦他人的心态来让孩子表演才艺了。才艺背后的艺术本身，并不是为了炫耀，而是需要让懂得审美的人来欣赏——不管孩子的才艺表现有多么初级与稚嫩，这一点也依然成立。

如果有人主动提出："让你家孩子跳个舞呗！"

我们对应的行为应该分三步。

第一步，是征询孩子自己的意愿。孩子愿意跳就跳，孩子如果不愿意跳，那就不跳。作为一个舞者，他有自己决定跳与不跳的权利，不是吗？

第二步，如果孩子不愿意跳，也千万别说"跳得不好，就不献丑了"这样的话。而要更多地留下一个话扣："如果近期有演出或表演的安排，一定要邀请叔叔来看！"

第三步，作为交流的友好结尾，我们可以让孩子来发出上面的邀请，许诺邀请叔叔下次来看自己的正式演出。一般情况下，孩子觉得拒绝了一个"跳段舞"这样的大要求，会更倾向于答应"提出邀约"这样的小要求的。一般情况下，如果要让孩子跳舞的人情商不是太低的话，这个事儿也就圆满过去了。

第五句：怎么这么不懂谦让，快把玩具给弟弟玩会儿。

对于孩子来说，物权意识是培养财商的第一步。如果孩子连基本的物权意识都没有，我们还怎么指望他在长大后有珍惜事物的习惯，甚至足够强大的理财观念呢？如果我们一味地强调"谦让"这件事情，伤害到了孩子的物权意识，其实是非常得不偿失的。

东西只有在"可分享"的前提下，才有可能被分享，比如幼儿园发的两块糖，或者老师奖励的两张贴纸。但如果东西本身就是某个孩子自己的，还要被强迫"分享"，那实际上是非常不合适的举措。

"快给弟弟玩会儿"这样的话，多来自为了让大家面子上过得去，家长给孩子提出来的要求。但如果总是侵害孩子的物权意识，很可能令孩子无法清晰地把"我的东西"与公共资源区分开来。

具体的解决方案应该是这样的：

首先一点，就是在可预见的情况下，尽量地规避风险。如果今天有多个小朋友要参与，那就不要只准备一辆小汽车。当然，很多时候"肉是别人碗里的香"，不少孩子盯准了一个就是不放，这种可能性也是有的。

在这种情况下，也不要上来就指责孩子"不懂谦让"，因为"不想把自己的东西给别人"是再正常不过的事情了，这跟谦让不谦让扯不上什么关系。

但这个时候，我们可以进一步这样引导孩子。

第一就是共情——让孩子从情绪上体验到，另外一个小朋友有多想玩这个玩具。爸妈直接干预，上手分配，这是霸权主义。但爸妈让孩子想想另外的小朋友现在可能真的很想玩，这就是有效的民主引导了。

第二就是保证——让别的小朋友玩一会儿，并不是就给他了，你的还是你的，你的永远是你的。很多时候，孩子不愿意所谓的"分享"，其实是不太知道分享的代价究竟是什么——是不是我这一松手，他永远都不还给我了呢？从很多人的童年经历来看，这种可能性其实还是很大的。比如我到现在都还记得很清楚，我小时候有一本特别爱看的书，因为我的一个远房表弟来我家看了喜欢，我妈不由分说就直接送给了他，都没经过我同意。

这事儿我能记到今天，就很能说明问题了。

第三则是给孩子一个解决方案。现在你手上的玩具给别的小朋友玩了，那你该怎么办？我总是会跟我儿子说——你把玩具给小弟弟玩一会儿，爸爸在这段时间，陪着你一起玩点别的。这个替代性的解决方案一经提供，孩子自然就容易妥协了。

以上，就是在人际交流领域，我们常见的五句家长常说、孩子却不爱听的话，以及我提供的解决方案。

当然，在人际交流领域，可不是仅有上面这些容易被发觉的问题，在儿童的心理上，还有一些更值得深入探讨的情况，我们来好好谈一谈。

孩子爱发脾气，怎么办？

我们所有人，不管大人还是孩子，每天都处理着自己各种各样的负面情绪。

对大人来说，工作失误被领导责备，要处理对可能丢掉工作的担忧；加班到晚上十一二点，要应对因为疲惫而产生的沮丧；甚至走在路上被擦肩而过的行人碰了一下，也要压抑自己遭到他人侵犯的愤怒。而对负面情绪的调节和消化，可以说是一个人情商高低最直接的体现。

情商高的表现之一，就是在强烈的情绪袭来之时，不会被情绪冲昏头脑，而是可以找到适当的方法，对汹涌的情绪洪流加以疏导，不让它影响到理智的决策和正确的行为。而如果情商欠费待充值，则理智往往会被情绪淹没，在强烈情绪的驱使下犯下大错。

2019 年，安徽一男子，因为与妻子在车中争吵，一怒之下狂踩油门撞向了路边的行人，导致 7 死 12 伤。因为一时冲动做出了不可挽回的事情，这样的例子大家一定听过不少。在斥责这种人危害社会安全之余，我们更要思考的是：为什么一个人会在情绪的驱使下，做出如此疯狂而不计后果的行为？是什么样的成长经历，让他们的情绪自控能力一直没有得到培养？

没准你会觉得，答案很简单："因为他不会控制情绪呗。"

这么说没错，但它会牵扯出一连串问题：为什么有的人可以很好地调控负面情绪，而有的人却不能呢？这是来自先天遗传还是后天培养的呢？如果是后天培养的，那么我们调控情绪的能力该如何培养呢？以及，回到我们的主题，该如何教孩子表达自己的负面情绪呢？

长不大的情绪

知识是靠学习才掌握的，随着孩子不断地学习，其所掌握的知识也随之增长。

对情绪的调控能力也是一样，人处理负面情绪的能力并不会随着年龄的增长水涨船高，而是需要培养和学习的。

不少家长会想当然地以为，自己的孩子之所以爱哭、爱闹、不听话，主要是因为孩子还太小、不懂事儿，等孩子长大了、懂事儿了，自然就不会像小时候一样喜欢哭闹了。的确，孩子长大后爱哭闹的情况并不多见，但这不意味着他们就掌握了疏解负面情绪的正确方法。虽然很多熊孩子长大后不再那么熊，但变成了同样不省心的"巨婴"。错误地看待孩子情绪处理能力的发展，认为可以自然而然地完美掌握它，那就陷入了对情商培养的理解误区。

可能你会提出质疑：你这说得不对呀，我孩子小时候经常发脾气，动不动就"满地打滚"，现在孩子长大了，懂事儿了，就不会这样了嘛！

这里就涉及两个不同的概念：情绪表达和情绪处理。

情绪表达，是我们用来表现情绪的各种方式，并能够使别人感受到我们的情绪。而情绪处理，则是我们采取什么样的方法来调节和消除强烈的情绪。

比如，我家老大在小区大院里喜欢和小朋友一起摆积木盖楼。有一次大家刚盖好一栋很高的积木楼，却被一个跑着玩的小朋友不小心碰倒了，那个小朋友可能没有注意到，依然在开心地到处跑。我家孩子遇到了这样的情况会做何反应，猜也猜得到。他当场号啕大哭了起来，边哭还边说："我的城堡，我的城堡塌啦！"

我媳妇忙跑过来，一边摸着孩子的头，一边安抚，并承诺自己也会加入城堡重建的工作中来。在妈妈的安慰下，孩子慢慢停下了哭声，很快和妈妈一起又把城堡搭了起来。

从情绪的角度复盘一下这件再正常不过的小事吧：城堡被他人碰倒了，引发了强烈的悲伤，也许还有点愤怒，而孩子则通过号啕大哭的方式表达了内心的情绪，这和"大喊大叫""满地打滚"类似，只有形式上的差异，是孩子不成熟地表达情绪的方式。用这样的方式，是想让父母知道自己现在有多么难过。

随着年龄的增长，我们都逐渐学会用更加成熟的方式来表达自己的情绪，这是个好消息。我们其实很少会见到一个三十多岁的成年人因为手机摔坏了而号啕大哭，或是因为买不到某个游戏机就"满地打滚"。在成长过程中，情绪的表达手段会因为社会规范对我们的限制，自然而然地发生改变，敦促我们用更符合社会规范的手段来表达情绪。

毕竟，你小时候因为愤怒打了人，两个家庭通过沟通就能解决问题，而成年了因为愤怒伤了别人，那是需要叫警察来的。

但还有个坏消息：情绪的处理能力并不会随着你年龄增加自然而然地提高。

妈妈安抚孩子，无论是靠抚摩还是安慰，甚至陪孩子一起将塌掉的城堡再次盖起来，这从身体接触，到语言、行为，都起到了情绪处理的作用。妈妈不但安抚了孩子，帮助孩子从悲伤的情绪中走出来，更把自己处理情绪的方式在实践中传递给了孩子。也许孩子并不能在当下就理解并掌握，但起码会开始认同：当自己再有强烈情绪时，也可以像妈妈一样告诉自己，没关系，再搭起来就好了。

这种认同，来自阅历、经验与被爱的体验，而不是年龄。

孩子在成长过程中，情绪的表达方式会因为受到社会规范的限制而有所变化，不再那么激烈。很多家长就会认为孩子已经长大，能很好地处理自己的情绪，但也许孩子只是选择了不去表达而已，却并没能学会好好处理情绪。所以完全存在这种可能：孩子已经十七八岁，甚至是三四十岁的成年人了，但他的情绪表达和处理能力却依然停留在非常低龄的水平，情商不高，是个妥妥的"巨婴"。在面对剧烈的负面情绪时，他依然没有适当的表达方式和良好的处理能力，这就会导致在情绪的驱使下，做出一系列社会新闻上出现的那种极端行为。比如，研究生因为不能毕业而选择跳楼自杀，爸爸因为自己的孩子被欺负就杀了欺负他孩子的人。

人长大了，心没长大，是一辈子的风险。

"学会"的哭闹

当我们描述情绪的时候，经常用到的比喻之一就是：剧烈的情绪像洪水一样涌来。这在孩子身上表现得尤为明显，有的孩子大哭起来，那声音、气势，简直可以把房顶掀开。还有的孩子生起气来，喜欢满地打滚，甚至还会动手打人，见谁打谁。

以上这些表现，都是因为孩子在面对强烈的情绪时，没有学会该如何表达自己的情绪，才选择了比较极端的方式。而这些极端的表达情绪的方式，都是家长和孩子互动时体现出来的。也就是说，"一哭二闹三上吊"，往往都是"学会"的。

孩子哭闹，家长头疼。比如，孩子要玩具，非某个不买，或是想要去哪里玩，就要立刻去，家长胆敢不同意，立刻不顾场合不顾时间开始大哭大闹、发脾气。任家长怎么安抚、怎么训斥，都不管用，似乎除了即刻满足孩子当下的不合理要求，就没什么办法能让孩子安静下来了。

情绪本身是人类本能，孩子不需要学习就会笑、会哭，但随着孩子的成长，在与家长的互动中，情绪则可能超越本能，逐渐演变成一种要挟家长的工具。

迈阿密大学医学院的心理学博士蒂凡尼·菲尔德探究了美国孩子和法国孩子在同一场合中发脾气的概率，试图探究教养中文化的差异是否会影响孩子们的脾气。她选择的一个典型情景就是：带两个三岁的不同国家的孩子去吃西餐。在她的研究中发现，相较于美国孩子，同龄的法国孩子表现得更像个"小大人"，除了安静地就座与有序地就餐外，他们甚至还会和父母探讨菜品菜色。与此同时，很多美国孩子不是因为拒绝吃某些菜而发脾气，就是故意把食物打翻在地。

在蒂凡尼的另一个独立研究中，她分别在两个国家幼儿园的操场上，去评估孩子们在户外活动中对其他小朋友表现的友善程度。法国的小朋友仅仅在1%的时间里表现出了攻击性，而这个数字在美国的幼儿园中飙升到29%。她在论文里写道："也许，在工业化国家中，法国的谋杀率最低而美国的谋杀率最高并不是巧合。"

学界对此的探讨紧随其后，而且成果斐然。很快，人们把问题定位到了家长与孩子们之间的"注意偏见"效应上：相对于那些乖巧的行为，大哭大闹更容易得到家长的注意与反馈。有些家长对于孩子的正确行为与乖巧表现感觉"正常"，以至于缺少回应，但对于尖叫哭闹的孩子，家长却反应迅速。长此以往，孩子发脾气的行为就一再被工具化，逐渐背离了其"表达痛苦"与"传递警告"的初衷——它逐渐变成了一个"可以叫来外卖蛋糕的报警电话"。

这样看来，法国的孩子之所以表现得更"乖"，很大原因是日常生活中，不少"乖"的行为都得到了家长的回应以及鼓励；而美国孩子之所以"不那么乖"，则一定程度上归咎于家长们对他们"乖"的熟视无睹，以及对他们发脾气的迅速反应。

我们国家的孩子也有着与美国孩子类似的表现，这源于家长对孩子"良好行为的忽视"。很多中国家长实在太忙了，被工作压得喘不过气，好不容易下了班，想玩会儿手机休息休息，孩子可以安安静静地一个人玩会儿，互不打扰便是最好，但问题却正是这样产生的。孩子毕竟也是一天没见父母，或者好不容易从老人那里回到了父母身边，其实他们也很想有更多来自父母的陪伴。

于是矛盾的互动就发生了——孩子兴奋地表达："爸爸妈妈，来陪我玩。"爸爸妈妈往往会说："孩子乖，自己玩一会儿，爸爸妈妈刚下班，休息休息再陪你玩。"孩子最开始可能会听话地自己去玩一会儿，爸爸妈妈发现，孩子挺听话的，可以自己玩，于是又开始各忙各的，完全忽视了在一旁表现良好、乖巧听话的孩子。没过多久，孩子又来找爸爸妈妈陪他玩，这一次他不再是带着兴奋的语气了，而是有点不开心，但不少父母会再次拒绝："孩子，爸爸妈妈上了一天班很累了，你要学会体谅爸爸妈妈。"孩子失望了又去自己玩了一会儿，而爸爸妈妈发现这招管用，也就继续做自己的事情。但孩子心中的沮丧和失望却在不断累积。最后，孩子终于爆发了，哭闹起来。每每这时，家长终于看到孩子哭了、闹了，知道他到了极限，为了让孩子不要哭闹，才改变态度："来了来了，这不是来陪你玩了嘛，别哭了。"

本来乖巧的孩子，在与父母充满矛盾的互动中，逐渐"学会"了：原来只有哭闹才能得到父母关注，原来乖巧听话只会被忽视，那之后我干脆直接省去乖巧听话的阶段，直接哭闹岂不是可以更直接、更有效率地达到目的吗？

负面情绪从出现到爆发的过程，很多时候和星星之火越烧越旺终成火灾一样。你关注到的时候，往往已经很难收场了。其实，家长观察到孩子正在用某些行为表现负面情绪，就可以先进行"灭火"工作，不用非要等孩子发脾气、哭闹了你才去关注他，这会让他感到只有通过更大声地哭闹，才能得到关注。

如果我们对于自己优雅的孩子无动于衷，那代价恐怕就是我们要经常对自己咆哮的孩子无可奈何了。

有情绪，你就"说"出来

纽约的著名儿童心理治疗师斯坦利·图里奇把"发脾气"分为两类：气质型发脾气和操作型发脾气。气质型发脾气指的是孩子们正常的负面情绪的表达，比如因为穿了一件扎人的毛衣而不舒服产生的愤怒，或是像前面我孩子的例子，刚搭好的积木被碰倒了，因此产生的悲伤。现实层面的原因导致了孩子发脾气或是表达负面情绪，这被称为气质型发脾气。

气质型发脾气是一种正常的负面情绪的表达，你不能指望一个孩子穿上扎人的毛衣还要表现得兴高采烈，所以应该让孩子充分表达他的情绪。情绪是一种强大的能量，这时更需要表达和释放。或许你会问："难道就让孩子这样哭闹，不管吗？"当然不是，面对气质型发脾气，我还是推荐父母以安抚为主，而非漠然无视。稍后我们会专门探讨有关情绪处理的部分。

气质型发脾气是发生在孩子们身上最常见的情绪表达，不过它并不是最令家长头疼的。操作型发脾气往往才是让家长们最感到无可奈何的挑战——操作型发脾气通常都带有非常明确的目的性。"不给我买玩具，我就在公共场所大哭大闹、满地打滚"，这就是最常见的操作型发脾气。别看孩子们年纪小，在这方面心眼可不少，其实他们非常懂得在什么情况下如何表现能让父母满足自己的愿望，甚至有的孩子很会看人下菜碟。比如，想买玩具，跟爸爸妈妈撒娇是没有用的，在姥姥姥爷面前哭闹，肯定就能买到想要的玩具。

那我们该如何应对孩子的操作型发脾气呢？多年前，华盛顿大学的心理学家贝蒂·哈特（Betty Hart）在一个非常爱发脾气的四岁孩子身上尝试了她奉行的行为主义干预手段。值得一提的是，她当年的研究办法，在现在已经不为心理学研究的科研伦理所允许了。

这个小男孩以化名"比尔"出现在论文中，他每天上午会大哭四到十次，研究在比尔所在的幼儿园中进行。在贝蒂的干预下，每当爱发脾气的比尔开始发作，幼儿园里的工作人员仅仅是瞥一眼以确定他没有受伤，却并不着急接触他与扶起他，甚至都不会持续看他以及和他说话。与此相反，如果比尔摔倒后自己主动站起来而且没有发脾气或哭泣，就会有工作人员来表扬与拥抱他。

五天后，比尔大哭的频率从干预前的每天上午七次，降低到了每天上午一次。为了重复验证自己的研究假设，贝蒂让人们重新开始对比尔的哭泣与发脾气加以关注，却忽视他的良好行为。比尔很快重新开始回归操作型发脾气的坏习惯，但在工作人员又回归到实验一开始的应对手段时，他的表现又逐渐好了起来。

面对操作型发脾气，最好的办法就是忽视和不关注，也就是所谓的"冷处理"。一方面，任何关注都会被孩子解读为对自身行为的反馈；另一方面，家长的关注很可能把家长自己的脾气也带了起来，便开始训斥孩子，甚至动手打孩子，孩子受到了伤害，本来只是操作型发脾气，这下变成了操作型发脾气和气质型发脾气相结合了，反而更加难以应对。

这个时候，家长最需要做的第一点，就是先安抚自己的情绪，不要让你本人陷入愤怒的情绪中，进而与孩子发生更加激烈的矛盾和冲突。我很能理解家长们这时候的感受，孩子在公共场所大哭大闹，周围很多人都会投来异样的目光，这些人可能会在心里想"这妈妈不行啊，连自己孩子都管不住"，这让家长感到很没面子。但家长们要想明白，孩子这时候并不是故意和你作对，他们只是想通过这样的方式让你满足他那些不合理的要求，能想明白这一点，也就能更快地让自己冷静下来。

　　那家长自己冷静下来之后，该做点什么呢？孩子还在哭闹，也不能就这么放任不管。最直接的办法就是直接抱走，带孩子离开卖东西的地方，一直看着这个想要的东西，孩子就会越来越想要，而如果尽快远离刺激源，孩子的情绪就会慢慢缓和。我们很多家长会以为到这里事情就结束了，孩子情绪都过去了，这事儿也就结束了。其实并非如此，孩子虽然情绪平复了，但还是没有学会正确表达需要的方式，下次看到想要的东西，还是会用哭闹的方式表达。

　　等孩子情绪平复之后，才是我们教育孩子的最佳时机，这个时候要询问孩子的感受，告诉孩子我们理解他很想买玩具的想法，同时向孩子解释为什么这次不可以买。我们要做的不是急着让孩子接受我们的观点，而是更多地倾听孩子表达的感受，避免孩子的情绪转化为操作型发脾气。通过反复以对话的方式与孩子互动，孩子就会逐渐学习到用语言而不是用激烈的行为表达自己的情绪和感受。这时候家长就要给孩子一些正向强化，当孩子表现出尝试用语言沟通需要和情绪的时候，家长一定要给予更多的关注和肯定，让孩子知道：把情绪"说"出来，要比哭闹更有用。

让心中的妈妈安慰你

能搞定最令家长们头疼的操作型发脾气，其实我们就学会了如何帮助孩子表达自己的负面情绪。说完对情绪的表达，我们再来看看该如何对情绪加以处理。

气质型发脾气是一种正常的负面情绪表达，也是刻在我们基因里的本能，尿了、饿了、磕着了，都会令孩子哭泣。而处理情绪，则是一项需要后天学习的技能，成年人很少因为饥饿而哭闹，因为我们可以处理由饥饿引发的负面情绪。

在面对孩子气质型发脾气的时候，家长最需要做的是，去了解孩子产生了什么情绪，是什么导致的情绪以及该如何处理情绪。也就是要回答孩子处理负面情绪中是什么、为什么和怎么办这三个问题。

当孩子以气质型发脾气的方式表达情绪时，识别他们的情绪往往并不是一件困难的事情：孩子号啕大哭，表达的是伤心难过的情绪；孩子大喊大叫，乱扔乱砸，表达的是愤怒生气的情绪；孩子躲在爸妈身后，或是往爸妈怀里缩，多半是产生了胆怯或羞涩的情绪。

知道孩子在表达何种情绪后，我们要做的是帮助孩子把情绪语言化，说白了就是告诉孩子他体验到的情绪是什么。"强强，妈妈知道你现在很伤心。""亮亮，爸爸知道你现在特别生气。"家长帮孩子把体会到的情绪说出来，用语言告诉孩子他现在的这种感受是什么，这就是情绪的语言化。只有让孩子学会把情绪"说"出来，这样才能进一步针对情绪进行沟通，那为了让孩子知道自己要表达的情绪是什么，爸爸妈妈就要先做示范，告诉孩子他的情绪是什么，这样才有助于孩子学会理解和识别自己当下的情绪。

解决完"是什么"，再聚焦"为什么"，也就是找到导致孩子产生情绪的刺激源。寻找刺激源的工作可能没有识别情绪那么简单，毕竟有的刺激源不是那么明显可见。如果是孩子被纸张划破了手，或是被什么东西绊倒摔伤了腿，这类刺激源是显而易见的，家长们很容易知道孩子为什么哭、为什么生气。但有些情况就不太容易识别了，比如别的小朋友有而自家孩子没有的玩具，孩子看了之后哭着要买，这时候刺激源是什么呢？不只是对玩具的占有欲，还有可能是不公平感，甚至是对自我的否定。

这时考验的是家长的共情能力。让我们想一想，如果是你看到别人有自己想要的东西，而自己却没有，比如看到同事买了一个名牌包包，或者看到哥们买了一辆豪车，你会是什么感觉？对很多人来说，最直接的感觉肯定是羡慕吧，甚至还有一点嫉妒。那这种情绪背后的刺激源是什么呢？在我看来，这种情绪背后的刺激源是一种匮乏的己不如人的感觉。当孩子在看到别人有自己没有的玩具时，大概也是类似的感觉。所以，教孩子处理情绪时，很重要的一点是家长要学会共情，体会孩子的感受，以及这种感受背后的原因，这样我们才能帮助孩子理解他自己的感受。

最后落脚到"怎么办"。这里的怎么办，指的是家长应该怎么办，而不是告诉孩子应该怎么办。千万不要男孩子一哭，家长就说："哭什么！男子汉要学会坚强，男儿有泪不轻弹。"用这样的方式，孩子学会的只能是不去表达情绪、不去处理情绪，但这就像掩耳盗铃一样，情绪不是你不看它就不存在了。情绪的淤积，只会在日后产生更大的危害。

让我们再回到一开始的例子，我家儿子的积木城堡被撞塌了，当时妈妈的回应是："城堡被碰倒了，安安难过呢，没关系，妈妈陪你一起把城堡再搭起来，好不好？"这句回应里，既包含了情绪的语言化，"安安难过"，也包含了情绪的原因，"城堡被碰倒了，所以难过"，同时还包含了解决方法，"没关系，妈妈陪你一起把城堡再搭起来"。这样的回应才是有效应对孩子情绪的回应，告诉孩子他现在因为什么产生了什么感受，然后给予孩子支持，告诉他妈妈会努力陪他一起解决问题。

通过类似的回应，孩子心中会逐渐建立起一个有温度的、可以依靠的妈妈形象或者爸爸形象。这个形象的建立，来自妈妈之前对孩子的每一次情绪的安抚，每一次有效的安抚都会使妈妈的形象更加清晰、更加有力。在有了这样一个能照顾、支持孩子的形象后，如果孩子将来遇到了挫折，或是碰到了困难，曾经那个支持与温暖他的妈妈形象就会在孩子大脑中被激活。孩子就会在心中以类似的话术告诉并说服自己——情绪是什么，什么导致了情绪，以及该如何处理情绪。高情商的表现，对情绪的处理能力，就是以这样的方式建立并发挥作用的。

当然，这只是有效回应方式的"基本配方"，你当然可以根据孩子的实际情况做出改变和调整，用更适合自己与孩子沟通方式的话语去帮助孩子，在心中构建出属于他们自己的父母形象，让他们心中的那个父母替你在他产生负面情绪时，帮助他走出阴霾，渡过难关。

孩子是颗"黏黏糖"，怎么办？

"小年糕"林林

"赶紧进去，快上课了！"亲子班的签到台旁边，妈妈坐在椅子上对林林说。林林像年糕一样紧紧贴着妈妈，完全没有要起身的意思。"快点儿啊，别的同学都进去了，赶紧起来！"妈妈呵斥着。"我告诉你啊！我再说一遍！最后一遍！不进去就回家！"妈妈生气地数落着林林。林林不说话，低着头，就是一动不动，妈妈拿他一点办法也没有。

这样的场景，不少家长都熟悉，甚至为此头疼不已，孩子"黏人"，可能是很多爸爸妈妈面对的另一个人际领域问题。无论是在送孩子去幼儿园，带孩子去各类辅导班，还是让孩子在爷爷奶奶家里过夜，都可能遇到孩子不愿和父母分开，甚至为此大哭大闹的情况。

孩子怎么就变成一个"小年糕"了呢？

妈妈 = 全世界

孩子为什么会黏着妈妈？这要从母婴关系的发展说起。

当孩子还在妈妈肚子里时，神经系统就开始发育了，他能听到妈妈和周围环境互动的声音，他所有与外界的交流，都依托妈妈这个中介，对这个时候的孩子来说，妈妈就是整个世界。这种"妈妈就是全世界"的感受也会在孩子出生后延续。怀胎十月，一朝分娩。通常在孩子刚刚出生后，对孩子照料最多、与孩子互动最多的还是妈妈，那种熟悉的声音、熟悉的感觉不断重复着出现在孩子的记忆中。

孩子从刚出生一直到两岁，都缺乏一种被称为"客体恒常性"的能力，也就是说，在两岁之前孩子的理解中，一件东西消失在视野中，那这件东西就是彻底湮灭了。你把孩子最喜欢的玩具从他眼前拿走，他就会因为感到这件玩具消失了而伤心地哭泣，因为对于孩子来说，这就好像玩具永远不见了。同理，当妈妈从孩子的视线中消失了之后，对于孩子来说，好像那个能给自己带来温暖、带来食物、带来肢体接触的世界消失了。不难想象，这对于一个弱小的孩子而言，是一件多么恐怖的事情。

这样一来，为了避免这么恐怖的事发生，"黏"在妈妈身上，就是避免"全世界"消失的最好办法。

这个年龄段，"黏人"其实是孩子对母亲的一种正常需要，对于孩子来说，他们也不会觉得自己是在"黏人"。这种"挥之不去"的感觉只是令父母疲于应对的无力感，这在患有产后抑郁症的母亲身上表现得尤为明显。产后抑郁的典型表现之一，就是不太愿意跟自己的孩子亲密接触，可这反而会因为无法满足孩子的依恋需要，让孩子变得更加"黏人"，再把妈妈的负面情绪带进恶性循环。对于两岁之前的孩子，父母眼中的"黏人"，往往只是孩子在表达自己被爱和被照顾的需要，而不是不分场合、不由分说的"犯浑"表现。为人父母，此时此刻还是尽量去满足孩子的这类需要，才有利于孩子形成安全稳定的依恋关系。

不安全的依恋

如果说两岁之前的孩子"黏人"是一种正常现象，那两岁之后的孩子如果依然表现得如此"黏人"，家长们就要稍加警惕了，这种黏人也许意味着孩子和妈妈的关系已经形成了一种不够安全的依恋模式。

谈到依恋，你可能也听说过，它不仅发生在亲子关系中，也会发生在亲密关系中——比方说两个人谈恋爱，女生表现得离不开男生，这是依恋中的痴迷，男生没准不喜欢女生整天黏着自己，这是对依恋的回避。

不过，这已经是成年人的依恋关系了，其实在生命的早期阶段，孩子身上也有不同的依恋类型。

1978 年，美国心理学家安斯沃斯与同事开展了一项名为"陌生情境测验"的心理学研究，以此评估婴儿对其母亲依恋的安全感。实验者会让母亲带着孩子到一个陌生的房间中，让孩子在这个房间中玩耍，其间母亲会离开房间，然后会有一个友善的陌生人来到房间，之后陌生人离去，母亲再回到房间。在这一系列的过程中，实验人员通过单向玻璃观察婴儿的反应。最终的研究结果发现，参与研究的婴儿主要表现为三种类型的依恋：安全型、回避型和矛盾型，这三种类型各自有不同的反应模式。

其中，矛盾型依恋的儿童对母亲在哪特别关注，当母亲离去时表现出强烈的反抗，导致他们不能在陌生的环境中自由地探索，等母亲再次回到身边时，孩子会变得一方面想要和母亲建立联系，又会对回来的母亲表达拒绝。当然，不同的孩子会以不同的方式来表达这种矛盾的感觉，有的孩子可能只是从妈妈的怀抱中挣脱出来，而更加激烈的孩子则有可能大发脾气。

而这些表现，正是很多家长向我描述的他们孩子"黏人"时的模样，那就是即使是"黏"，也不是舒舒服服地好好相处相伴。

很多孩子在两岁之后还是很黏父母，可能是因为他们的依恋类型属于矛盾型的不安全依恋。在这些孩子的心中，父母的形象不够稳定，更无法预期。孩子不知道爸爸妈妈什么时候会离开，什么时候会回来，自然也就觉得他们随时可能会不告而别。

造成这种情况的原因有很多，其中最常见的，就是父母对于接送孩子这件事情不能说到做到。

比如，今晚你和爱人要参加一个同学聚会，让爷爷奶奶帮忙照看一会儿孩子，临出门，孩子很舍不得和爸爸妈妈分开，自然就要问："妈妈，你们什么时候来接我？"妈妈看到孩子怪可怜的，又怕自己一走孩子哭闹，给老人添麻烦，于是说："孩子别哭，爸爸妈妈出去吃了饭就回来接你，你吃了饭和爷爷下一会儿象棋。"孩子还是不乐意，会追问："妈妈，你们几点才能回来呀？"妈妈只好哄着孩子说："八点，爸爸妈妈八点就来接你，好不好？"孩子一听，感觉还能接受，于是就安心地答应了。

但其实妈妈很清楚，八点肯定回不来，又怕孩子哭闹，想了一下感觉反正孩子还小，一玩起来就什么都忘了，于是才这么说。可孩子往往不像父母想的那样好哄，吃了饭后，孩子就会一再追问爷爷奶奶时间，其实就是等着父母来接自己。但八点过了，妈妈没来，八点半过了，妈妈还是没来，九点过了，妈妈依然没来。孩子此时什么感受呢？失望是肯定的，除了失望，恐怕还有对妈妈欺骗自己的愤怒吧。除此之外，盼望着妈妈早点回来的感受也随着时间的推移越来越强，这些互相纠葛的感受同时交织在孩子心中，孩子对妈妈的感受自然会变得充满了矛盾——既有思念，又有愤怒；既有渴望，又有失望。

想让低龄的孩子好好处理这种复杂的情绪，其实是很难的，毕竟在他们有限的生命经历中，还没有太多处理这些纠结情绪的经验。

这些矛盾的情感在孩子心中如果反复出现，又体验强烈，孩子自然会逐渐对妈妈形成一种不够安全的依恋类型——矛盾型依恋。当妈妈下一次再要离开的时候，孩子有了之前多次的不悦经历后，就会变得越来越抗拒与妈妈的分离。这也就是"黏黏糖"这个表象背后预示的不安全依恋。

满足正常的"黏人"需要

怎么办呢？

对于两岁以下的孩子来说，解决方法很直接。既然"妈妈就是全世界"，那我们就千万不要在他最需要你的时候总缺席，能多陪就多陪吧，在孩子成长的关键期，少些疏离，多陪孩子玩一玩，不但能让大人孩子都体会到亲子互动的乐趣，也能帮助孩子建立更加安全的依恋模式。

对于两岁以上的孩子来说，让孩子在心中形成一个可以依靠的父母形象，是这个时期非常重要的一个目标。当孩子心中没有一个稳定、有力、安全的父母形象时，他就必须在现实中找到父母本人才满意。父母的存在都能给孩子提供安全感，只要这种安全感能像一条不断流的河存在于孩子身边，孩子心中就会慢慢建立起一个抽象的父母形象。在学界，这一过程被称为"父母形象的内化"。

这是很多黏人孩子的父母需要首先解决的问题。甚至一些过于黏人、喜欢取悦他人的成年人，也要解决类似的问题。

内化的父母形象可以在孩子心中起到与父母亲临类似的作用，这也被称为孩子心中的安全岛。当孩子在内心建立起这样的安全岛后，即使父母不在身边，他们也能在心中的安全岛中获得安全感，不会因为父母的暂离感到痛苦和绝望。

那这种安全岛如何建立呢？别无他法，它一定源自父母与孩子在日常生活中充满安全感的反复互动。

安全感不是教育出来的

有的父母会通过说教的方式来让孩子建立安全感："小强，男子汉大丈夫，去个幼儿园都哭哭啼啼的，一点都不像男子汉。"或者是："妈妈出个门你都要哭，这么离不开妈妈，将来肯定没出息。"

这样的话语听上去是在激励孩子表现得勇敢一点，但实则充满了对孩子的批评甚至贬低。当孩子因为要离开妈妈而感到不安时，批评的话语并不能帮助孩子真正获得安全感，反而会激活他们内心的羞耻感——对于人际关系和同伴关系来说，这同样是隐患。也许孩子这一次憋着不哭，但再遇到类似情况，还是会做出同样反应，治标不治本。

要想将孩子培养为一个坚定有安全感的独立个体，家长最该做的，其实是平日里就拿孩子"当人看"。很多家长不拿孩子当个"人"，觉得孩子能力低、好糊弄、不懂事，才有了很多养育中的荒唐举措。

一旦你真的把孩子当成一个个体、一个人，自然而然地就会严肃对待与孩子的每一次互动，比如跟孩子约好的事情尽力做到，没做到也要及时解释，甚至道歉。不要以为孩子小不懂事就可以随便搪塞过去，每个"小屁孩儿"都有自己的感受呢！

当然，有的时候孩子黏人黏得厉害，父母也难免有情绪崩溃失控的时候，这种情况下父母的情绪也需要处理和疏导，但我真诚建议——不要对着孩子发脾气。因为这样只会让孩子和父母双方的复杂情绪更加交织，互相淹没，出现类似于"你凭什么委屈？我比你更委屈"的想法。更合适的做法是你先找到一个可以独处的地方自己待一会儿，哪怕是临时躲到家里的卫生间都行，先让自己的情绪平静下来，然后才有可能做出真正明智的决策，来解决问题。

孩子"黏人"的背后，每个有类似困扰的家庭恐怕有着不同的具体问题，但想解决问题，有一点是共通的：尝试理解孩子的需要和感受，才可能做出恰当的回应，进而帮助孩子早日脱离"黏黏糖"的状态。

孩子情绪管理能力差，怎么办？

不少家长找到我，讲孩子跟别人打交道的时候，有着这样或者那样的问题——但在深入了解过后，我往往会非常难过地发现，问题的表现也许在孩子身上，但是症结却在于父母。

简单来说，在人际交流这个层面，孩子表现差是症状，父母表现差是病根儿。但很多家长会说："我没打他啊！我连句重话都没跟孩子说过啊！"

但我有必要指出来：孩子的一些社交问题，根本上不在于父母怎么对待孩子，而在于父母怎么对待彼此。

积极心理学之父、心理学家马丁·塞里格曼在筛选抑郁儿童人群时，有一个重要的参考要素，就是这个孩子所处的家庭环境。注意，这个家庭环境不是爸妈怎么对孩子，而是爸妈怎么对待彼此。他们争吵频繁与否，会不会随意大打出手，有没有冷暴力的情况，甚至，是不是已经离异。

作为新时代的家长，我想你肯定明白"打孩子"的恶果；

但作为中国的家长，我想你可能暂时还不太清楚，"在孩子面前对其他家庭成员表现得不够友好"会对孩子有着怎样的影响。

症状在孩子，病根在家长

我想问你一个问题——"你在孩子面前与你的伴侣发生过争执吗？"

然后，孩子是怎么反应的呢？你在后来有没有给他做好解释工作呢？

在某个问答网站上，有个问题很火："那些从小就看着爸妈打架的孩子，长大后怎么样了呢？"答案放眼望去全是痛苦的回忆，以及满满的怨气——"如果当年他们不那样，今天我就不至于这样。"

在我刚对家庭环境相关的心理学课题产生兴趣的时候，就一度想深入研究这个话题。但从研究方法的角度上看，难度实在太大。不过，我没条件做这个研究，不代表就没人做。最近几年，学界对于这个话题，还是有不少研究成果的——他们无一例外地有一个指向，爸妈不善待彼此，影响最大的是孩子的社交模式与情绪健康。

有类似典型问题的家庭，通常被定义为"失调家庭"。在过去的十年里，这个概念在心理学界和社会学界很有影响力。在这样的家庭里，每两个个体之间的关系都不和谐，负面的情绪和恶劣的行为表达比比皆是，而又出于种种原因——比如经济、舆论和习俗，这个家庭结构还不得不维持下去。

从长期成长的角度来看，"失调家庭"给成长于其中的孩子带来了身心问题的很高风险。这方面的研究专家大卫·斯杜普博士在他的《原谅父母，原谅自我：失调家庭成年子女的治愈历程》一书中，提到了成长于失调家庭中的孩子可能面对的问题：心理障碍的患病率提高，容易在青春期就有物质成瘾的问题，对于某个家庭成员容易形成"又爱又恨"的复合情感，容易被卷入校园欺凌，离家出走风险更高，在自己的亲密关系上缺乏安全感。

这些问题很严重，但其实对于绝大多数家庭并不具备普适性——我与妻子也在儿子的面前争吵过，但我并不认为我们家是个"失调家庭"。

夫妻总有压不住火的时候，我想很多在同一屋檐下生活多年的老夫老妻，都有过在孩子面前互相发脾气的经历，相较于失调家庭如此深刻沉重的界定，我们也许要向普罗大众更靠近一步：那些在孩子面前偶尔失态的夫妻争执，会给孩子带来怎样的影响？单就这个在学术上略显尴尬的课题而言，国家的力量可能会更大一些。

2011年底，美国司法部发布《"暴力笼罩的儿童"国民调查报告》，由时任助理行政官的杰夫·斯洛考斯基主笔。

接受调查的家庭中的孩子年龄在0岁至17岁，其中25.6%有目击或者听说自己的父母或者监护人之间的暴力行为，11.1%的孩子在过去一年内刚刚经历了一次类似的事件。与此同时，女孩子们目睹的父母矛盾比男孩子们目睹的要更为频繁一些。

争执的父母，养出情绪管理能力差的孩子

然而这些数据并不是重点，重点是孩子们在面对父母吵架，甚至打架的时候，他们自身的反应。当看到父母开始争执时，49.9%的孩子自告奋勇加入战团，立刻同样报以大喊大叫，叫自己的父母立刻停下，而43.9%的孩子选择了逃避事发现场，一方面是想逃离自己深爱的两个人的矛盾场景，另一方面也是害怕被波及。

不管孩子选择了哪种方式，我们都不难发现，面对至亲的争执，孩子们很难做到无动于衷。但不管他们做何反应，似乎都很难有一个"最优解"，不管是高声喝叫，还是把自己锁进屋子里，孩子都是一个逃不开的受害者。

我以为，孩子拥有不卷入其父母那些与自己没什么关系的纷争的权利，可是当着孩子的面起争执，父母便剥夺了孩子的这一基本权利，相当于拉着孩子使其不得不蹚这摊浑水，是谓"神仙打架，小鬼遭殃"。

那这摊浑水有多大的负面影响呢？曾经，有些专业人士认为"没影响"。知名育儿专栏作家波·布朗森在他的文章里多次提到过这样的观点："家长们如果在孩子面前发生了争执，只要再在孩子面前达成和解、和好如初，就不会给孩子带来负面影响。"这样拍脑门儿就说的话显然缺乏科学论据。

圣母大学家庭研究中心的心理学教授马克·科明斯从对上面这个错误观点的拨乱反正开始，进行了一系列与"当着孩子面闹矛盾"有关的心理学研究。他的这些研究，在1999年获得来自美国国家儿童健康与人类发展研究院的超过124万美元的资金支持，而且研究成果也很对得起这笔资金。

他的研究发现，在孩子面前和好如初，对安抚孩子来说，的确能起到一定的积极作用，但有一个重要的前提：之前在孩子面前闹矛盾没有太激烈，尤其是不能高声喊叫。倘若已经吵了起来，甚至有了肢体动作，亡羊补牢般地在孩子面前再怎么山盟海誓都没什么作用。孩子很在乎父母的关系，因为爱与亲情，也因为这时刻关乎他们自己的切身利益。就算熟睡中的婴儿，对于父母的争吵也很敏感，与听见陌生人吵架相比，听到父母吵架会让他们与压力有关的生化指标显著改变。

近年来，以科明斯为首的研究团队，针对47个家庭做了一系列跟踪研究，终于论证了一个每个孩子不假思索就能告诉你的事实：看到父母争吵，真的让他们很难过，而且还会持续一段时间——甚至超过了父母自己闹矛盾的时间。

毕竟，家长们的自我调控能力要比孩子强，而孩子们自身的焦虑感与紧张感，通常需要几个小时甚至更长的时间才能逐渐散去。出于同样的原因，目击父母闹矛盾的孩子容易产生的急性障碍，几乎都和紧张与焦虑相关：睡眠问题、饮食问题和情绪问题。除此之外，科明斯的研究还发现，最会让孩子感到难过的行为是大声喊叫、暴力的肢体接触和对彼此的不尊重行为，比如向对方吐口水和扔东西。

与之相比，冷战、回娘家、比较晦涩的讽刺与挖苦，给孩子带来的负面影响会小一些——虽然它们依然会有负面作用。

至于不同频率地在孩子们面前闹矛盾会造成怎样的影响，科明斯的团队还在研究之中，但基本确定的是，那些父母不顾忌孩子在场依然频繁发生争执的家庭，孩子在行为上表现出侵略性，以及出现情绪方面的问题的风险更大。

在研究过程中，还有一个出人意料的发现：在孩子们面前吵架，父母会吵得更厉害。这让研究人员始料未及，人们原以为当着孩子的面，家长们多少会收敛一点，然而事实恰恰相反——家长们仿佛成了斗兽场里迎合观众的角斗士，而孩子们成了他们想争取的奖品。当着孩子的面争吵，夫妻双方都更加不给对方留情面，而且扔东西砸东西来泄愤的概率会显著提高。虽然目前并没一个很好的解释，但很有可能是争执双方希望能得到来自家庭另一个成员——孩子——的情感支持，进而提升自己成为获胜一方的可能性。然而，从家庭关系发展的角度来看——争吵没有真正的获胜者，一家人都有可能成为无名火的牺牲品。而人们在头脑发热的时候，总是很难理智，这种当着孩子的面，对愤怒的投入，以及对支持的争取，很容易演变成一句不该说的话："如果爸妈离婚了，你跟谁？"我们问这句话，是因为孩子对我们的看法很重要，同时也因为，这个脱口而出又非此即彼的答案，很有可能像拳击结束后，裁判举起获胜者的一只手。

问题是，孩子并不这么想——他需要的是好的成长环境，不需要知道与抉择谁对谁错。我想我还需要重申一遍：孩子有不参与家长这些陈芝麻烂谷子一堆破事的权利与基本自由。

那么，怎么办呢？很简单啊，你们两口子别在孩子面前争吵不就完了，你们换个地方不就行了吗？这不难吧？

给广大家长的建议，首先恐怕还是做好自身的情绪管理。这不仅仅是为了规避在孩子面前吵架，更是为了规避自己的家庭因为一个人甚至两个人的坏脾气，而成为下一个"失调家庭"，进而走进一个恶性循环。

　　其次，每个家庭都有自身不得不面对的矛盾，产生争执几乎是必然的，夫妻俩又不是挨着的两块拼图，并非联结得天衣无缝。矛盾有普遍性，但并不是每一个矛盾都有紧迫性，一定要解决在此时此地的当下。所以，在提高声调之前，先考虑一下，夫妻矛盾不应当以孩子的健康成长为代价，换个时间与场合，也给彼此留一些冷静思考的空间。

　　最后，还要提醒自己，争取孩子爱戴的方法，并不是火急火燎地逼问"离婚了你跟谁？"而更应该仰仗平日的积累与克制。很多人在家庭的微观环境里，就丧失了基本的社交礼节，情商陡然变低，伤害自己的爱人的时候，也选最狠的话说。然而这十分不可取，也许有的人感觉这样显得"不见外"，然而不友善就是不友善，没礼貌就是没礼貌——"努力而友善"的莫大好处就在于，既能维持良好关系，又能将自己塑造成孩子眼中的榜样。

第 四 章

如何更好地让孩子
融入群体？

三个关键词：处理矛盾，亲社会行为，遵守规则

人是群居动物，我们的孩子迟早有一天会加入一个群体中，比如他上了幼儿园，进入了一个有十几个孩子的班级。又如他有朝一日出国深造，在体验着"身在异乡为异客"的感觉的同时，也要处理跟老师与同学们的关系。在这个层面上，在情商金字塔的第三层，孩子要学会解决三个非常重要的问题：怎样处理跟别人的矛盾，怎样融入群体，怎样遵守真正重要的规则。

这也直接引申出了与同伴关系相关的三个关键词。

处理矛盾

第一个关键词，就是"处理矛盾"。每当孩子要去处理自己的同伴关系时，家长们最揪心的那些场景，往往都是孩子们之间爆发了矛盾。不管是谁推了谁一把，谁挠了谁一下，谁抢了谁的玩具，谁嫉妒了谁，谁告了谁的状，这些同伴交

互行为的本质，其实都是对于人际矛盾的展现和处理。作为家长，我们既不应该，也不可能把孩子放到一个不会产生任何人际矛盾的儿童版乌托邦中，就算我们能做到，这种环境也必然会导致孩子成年后真正进入社会时，发生非常严重的适应不良问题。

很多家长，在我看来过于刻意地引导孩子去规避甚至无视矛盾。比如，限制孩子跟其他小朋友的交往，这就不给矛盾的产生提供土壤；或者出点什么大事小情都要"护犊子"，这就容易让孩子产生所有矛盾家长都能替他搞定的错觉；或者选择"打不起咱躲得起"，每当孩子遇到矛盾的场景，不是想着如何帮助孩子，而是永远都拉着孩子走，嘴上喊着"咱们不跟他们玩！"

这与鸵鸟把脑袋埋进沙子里，其实没啥本质区别。

只要人跟人对于事物的共识不够，矛盾自然就会产生，而一只手伸出来，五根手指头都不一样长，人与人的差距，导致共识的缺失，实在太常见。

不管是大人还是孩子，在同伴交往中，产生矛盾都很正常。而绝大多数家长，需要对这些矛盾，换一个这样的态度：矛盾的体验可能是糟糕的，而通过让孩子更好地去处理矛盾，他们就能够获得一种非常高情商的表达习惯：接纳与认可——人与人之间的不一样。

如果你稍微观察一下，就不难发现，在生活中，很多纠结与矛盾的产生，其实不在于谁对谁错，而在于人们可接受的答案非常局限，继而接纳不了别人跟自己不一样。

很多大人都不具备这样的能力。

比如，我的一个朋友，儿子三岁半了，家里大人总吵架，而争执的主题很基础：喝水。

在夏天，老人也要坚持给孩子喝温开水，爹妈给买个冷饮或冰棍儿，甚至出去玩没用水壶，而买了瓶常温矿泉水给孩子喝，就要上纲上线——说是有寒气，又伤身，长大了胃会脆弱。孩子妈妈当年留学的时候，冰箱里的凉牛奶都是直接对瓶吹的，自然不爱听这样的话，于是将一篇说凉水无害的科普文发到了家庭群里，随后，关于孩子喝水的斗争爆发了。

朋友问我怎么办，我的回答很简单："谁喝水听谁的，你问问你家孩子想喝温水还是凉水，不就好了？"

而老人总把孩子亲爹亲妈的做法想得极端化——一天到晚吃冰棍喝凉水，怎么得了？

孩子父母又总认为家里老人的做法充满成见与问题——孩子那么渴，还要先等开水晾凉，至于吗？有必要吗？

但不管怎样，这些家庭都往往有一个趋势：爷爷奶奶和爸爸妈妈之间只顾着争执，不说出个子丑寅卯不算完，但大家都太在乎"要赢"，而忽略了真正的重点——孩子的感受，以及孩子本人是怎么想的。

也许，孩子喜欢喝温开水呢？也许，孩子觉得无所谓呢？也许，孩子认为每次在喝水上的事儿弄得大家都不愉快，一定是自己做错了，以后就算再渴，也不敢跟家长说？通过解决以上争端，就算孩子提出"我只吃冰棍儿我不喝水"的无理要求，我们是不是又多了一个管理的切入点与抓手，而不必争个"你死我活"了呢？

做好矛盾处理的真正意义，不是终结矛盾，而是掌握一种多样化思维，能够接纳别人跟你的不一样，如果实在接纳不了，也要理解别人跟你的不一样。

亲社会行为

第二个关键词，则是"亲社会行为"。既然在人与人的交互中，会出现种种矛盾，那相应地，也就必然会产生一些"亲社会行为"，而这些行为，在孩子情商上最直接的落点之一，就是"善良"。

但更进一步讲，不要以为善良仅仅可以作用于孩子的社交，实际上，它对于孩子们来说，影响的意义要比绝大多数家长想象的更为深远。

美国沃顿商学院的管理学教授亚当·格兰特认为，现在的相当一部分年轻人，正在经历着"善良弱化"的危机。亲社会行为在教育中的地位逐年走低，而这可能会影响孩子们的未来发展。

毕竟，已经有一系列研究发现，那些小时候更乐于关心他人的孩子，长大了以后可能会更有出息。比如：研究发现，被幼儿园老师评价说更乐于助人的男孩子，在 30 年之后，收入水平会更高；在初二阶段成绩最好的孩子，上小学时往往成绩不一定有多么优异，但他们却分享着另一个共性——当年教他们三年级的老师会评价他们更喜欢帮助他人。如果回归到人本身的群居生活中看，这种现象背后的道理其实非常简单——在真实世界中，如果想有一番成就，单打独斗往往不是最好的解决方案。

一旦我们可以把自己以某种更好的形式，嵌套进社交网络之中，以乐于助人和善良的形式加以展现，一方面，你本人就可以有更好的表现状态；另一方面，你也可以获得更多的社会支持与社会资源。亲社会行为本身没法替代成功，但是它可以通过创造一个有助于成功的人际环境，来转化为成功本身。

遵守规则

有这样一个研究：如果你去问一对父母，他们在培养孩子的时候，更在意什么——道德品格，还是学习成绩？那些看重好品格甚于好成绩的家长，往往培养出了更遵守社会规则的好孩子。

这就直接关系到同伴关系中的第三个关键词了，即"遵守规则"。人作为一种社会化的生物，总是需要各种各样的"共识"与"规则"来维持与其他人的交往。对于孩子的成长来说，小到该在什么场合说"谢谢""对不起"和"请"，大到在遭遇不公平对待后，该如何结合场合来表达诉求，其实都在考验着一个孩子懂不懂、理解不理解、会不会应用人跟人之间的社交规则。

你可能会说：我明白！我在日常生活中，很在意要求孩子尊重规则，遵守规则。

但真实情况未必这么简单。

在中国家庭教育的话语体系中，有三个词，往往在使用上互相混淆，甚至在不少家长看来，这三个词说的其实都是同一个意思——"懂事""听话"和"守规矩"。

这三个词都直指那种家长觉得合适、老师觉得恰当、孩子能从中获得进步的日常行为规则。

很多时候，老师、家长跟孩子，都能达成这些行为上的共识——比如，按时睡觉，有节制地吃零食，学习的时候别玩手机。这些行为，也恰恰同时满足了自律、听话和守规矩的要素。

而一旦共识成了奢望，齐心协力变成了三足鼎立，矛盾就自然而然地产生了。

有的矛盾，存在谁对谁错的标准答案，孩子应该得到适当的约束、管理和引导。比如，一个5岁的孩子餐餐只吃肉不吃蔬菜，一个8岁的孩子跟你要钱买烟抽，或者一个12岁的孩子决定去当古惑仔。

但我想你也知道，人这么复杂的生物，在成长的过程中，面对的怎么可能都是有标准答案的问题呢？

如果你9岁的孩子因为在学校里打抱不平，为了保护被欺负的同学，把打人的校霸揍进了校医室，你要怎样教育他呢？

如果你15岁的孩子在木工上的兴趣和能力远远超过了常人，你愿意让他在一定程度上舍弃标准化的教育吗？

如果你17岁的孩子把他的恋人带回了家，你会对这对小情侣报以怎样的态度呢？

甚至，如果你30岁的孩子，醉心于独立研究某个非常小众而不能很好"变现"的课题，既不上班也不着急婚事，你又打算怎么做呢？

比起那些斩钉截铁的回答，这些模棱两可的问题，其实才更接近养育孩子的真相。

可惜的是，在这些没法达成共识的真相里，孩子往往是弱势的那一方。

因为在成人看来，他"不听话""没规矩"，甚至"不懂事"。这也好理解，毕竟，这三个词之间有着绝对的连带关系，一荣俱荣，一损俱损。

这孩子，既然"不听话"，那就是"没规矩"，说白了，还是"不懂事"。

但是请注意，在老师、家长的逼迫下，被动地去遵守形形色色的所谓规则，并不是真正高情商的表现。

因为话是家长说的，就算听，对孩子来说，也是听别人的话；而规矩是社会定的，就算守，也是守外界定下的规矩。

而真正意义上的遵守规则，最强调的是，自己听自己的话，自己守自己的规矩。与此同时，你只要是个靠谱的人，有正确自律观念的人，觉得自己能主宰自己的生活，那你自己说的话和立的规矩，就差不到哪里去。

这才是规则作用于孩子成长的正确着力点。

别人家的孩子一起玩，
我家孩子一旁看，怎么办？

"大大方方"是很多家长都希望孩子能够掌握的一种社交特质。但我经常会听到家长向我抱怨——"我家孩子特别胆小害羞，每次带他去和其他小朋友一起玩的时候，他总是在一旁默默地看着，人家孩子都玩得热火朝天，他就是不敢过去和人家一起玩，我怎么跟他说都没用，你说这该怎么办呢？"

一群人中间的害羞感

这个问题其实又是一个与"害羞"有关的话题。上一章中我们谈的是孩子与陌生人见面时的"害羞"，属于人际互动的范畴，而这里我们要谈的"害羞"则是孩子和同龄人，尤其是和不止一个同龄人同时互动的问题。

同样是"害羞"，面对一个孩子和面对一群孩子有什么区别吗？如果你去面试，发现面试官只有一个人，是一种什么样的感觉？那如果面试官有五个人呢？再如果面试官有十个人呢？反正对我来讲，面试官越多，我的压力越大。

孩子在尝试融入一群正在玩耍的同龄人时，他所面对的情况其实和面试时的感觉非常像。

举个例子。晓浒妈妈带着孩子来到公园，发现有一群和晓浒年龄差不多大的小朋友正聚在一起玩沙包，妈妈看出了孩子蠢蠢欲动，就停下来问他："晓浒，你要不要去和小朋友们一起玩呀？"晓浒却摇摇头，说："还是算了吧。"但眼睛却一直盯着玩得正欢的小朋友们。

妈妈鼓励："去吧，没事儿，你就过去说你也想一起玩就行。"可晓浒还是不敢过去加入他们，只是远远地看着，很眼馋。

这时候，很多大人会想当然地想：干吗不过去，直接过去和他们说你也想玩不就得了！可能对于不那么"害羞"的孩子来说，确实如此，他们不会有什么担心，可以大大方方地直接过去问。

但对于像晓浒这样的孩子来说，制约他们的是脑海中出现的很多担忧和不安，它们导致孩子认为自己处理不了当下的这种情景，因此才会选择"害羞"地躲开。

作为家长，我们光看到孩子"害羞"还不够，更应该尝试去发现孩子心中存在的担忧，他的担忧都是什么呢：他们会不会不喜欢我？他们都很熟了，我去加入他们会不会被排挤？他们会不会嫌我太矮了不带我玩？……

孩子心中的一些理由甚至会让家长们感到匪夷所思。但这还跟面试一样，我们被面试时也担心：面试官会不会不喜欢我？面试官会不会因为我是女性而对我有偏见？面试官会不会因为我口红色号选得太亮了而不录用我？面试官会不会觉得我说英语有口音，所以降低对我的评价？……

这其中的很多担忧，在这个公司的老员工看来，可能同样是全无必要的。

很多时候，我们不理解孩子为什么害羞，是因为我们没有站在孩子的角度去感受，究竟是什么想法阻碍了他们去加入明明那么想参与的活动，而孩子们心中的担忧究竟又是什么？

所以每当家长们问我该"怎么办"的时候，我都会建议他们先问问孩子，他们的担忧"是什么"。

针对这些"不合群"的孩子，北卡罗来纳大学心理学院的教授海蒂·盖兹提出"焦虑孤立型儿童"概念已经很多年。通过对700个孩子的研究，他认为害羞有三种表征：第一，与其他多个孩子共处的时候会紧张；第二，他们喜欢看着别的孩子玩但自己不参与；第三，与其他孩子缺少主动的口头交流。而以上这些表现，并不说明孩子"不愿意跟他人交流"——他在人多的时候才会焦虑，他喜欢看着别的孩子玩，他对于被动地和别人交流没那么抵触，这些只能说明"孩子不敢和他人交流"。其实，害羞的孩子不是不想交流，而是不敢交流。他不是不愿意，而是缺少临门一脚的勇气，但家长们总是在孩子的行为意愿上做文章，觉得孩子就是太"高冷"，或者太"内向"，而不注重帮孩子迈出第一步的心理关隘。

可惜，很多家长对于害羞都有误解，最典型的就是认为"孩子太内向"。外向指的是一个人对于外界刺激需求量大，内向则相反。外向的人去参加派对，因为这个够刺激，他很享受，内向的人宁愿安静地看会儿书，因为这样的刺激对他来说已经足够，他同样享受。但是害羞的人与这两者都不同，他的表现是"纠结"。外向内向都很好，但害羞是个问题。害羞的人想参与社交，但又充满了对于自我的否定和不信任，于是总是在内心中纠结到底应该怎么办。不论外向内向，人们都做了自己喜欢的事，但害羞者不同，他既没做成自己喜欢的事，还对自己进行了一次比一次深的否定。我们培养孩子，应该尊重他天性中的外向趋向或者内向趋向，顺势而为，但如果出现了害羞的问题，就一定要尽早下手处理。

所以，当我们真的能理解孩子为什么"害羞"，为什么不敢去和小朋友们一起玩了之后，我们才能对症下药，才能更具有针对性地给孩子提供帮助，让他们能够建立自信，在以后类似的情境中能够保持主动。

如何挽救在人群中孤独的孩子？

下面让我们来看看具体可以怎么做。

首先要做好心理准备的是家长。孩子是不可能因为家长简单的一席话就从害羞孩子变成社交明星的，家长需要做好长期战斗的准备。而这场战役，分为几个阶段。

第一阶段，在练习主动交流前，先练习回应的能力。

对于害羞的孩子来说，先练习被动交流比较简单易行。其实很多成年人都缺乏主动交流的能力，不少人跟别人聊天很容易越聊越尴尬，本来两个人刚见面能就某一个话题聊得热火朝天，但说着说着就发现没话说了，这其实就是主动交流的能力不强。

很多人问不出好问题，但其实是能说出好答案的。我们不妨先让孩子通过练习积极回应，以此提升他融入群体的能力。既然孩子不敢主动表现自己，那就要在别人邀请他表现自己的时候能把握住机会。比如，家长们可以先教给孩子如何快速地自我介绍，在别人问到自己身份的时候，能让周围的小伙伴们记住他。我给晓浒妈妈的建议是：先教给孩子怎么让别人记住他的名字。下次再有人问他"你是谁"的时候，可以让他回答："我叫晓浒，就是一只特厉害的小老虎！"在最初的见面中，小朋友们并不需要知道"晓浒"到底是哪两个字，但"一只厉害的小老虎"足以让小朋友们记住他。这在无形之中就很好地表现了自己，小伙伴们也能记住他是谁，甚至能接上话茬开始沟通，增加了孩子融入小团体的可能性。

第二阶段，练习主动地一对一交流。

在我们的孩子已经掌握积极的被动回应能力之后，接下来就是让孩子试着主动和他人一对一地交流，正如我们之前提到的，与直接面对一群人相比，面对一个人的压力会小很多。

在一对一交流的训练中，可以让孩子先试着把被动回应中练习过的交谈内容主动说出来，比如主动向对方介绍自己，可以在很大程度上降低对方对你的戒备心理。无论大人还是孩子，面对一个自己不认识、不熟悉、压根儿就叫不上名字的人，难免有戒备。因此，前面准备的自我介绍，可以让孩子形成经典开场白，一开始就告诉对方，打开局面。在互相知道对方的名字后，孩子们就会更加轻松地进一步交流了。

一对一训练还有一个升级版：就是让孩子先做一对一交流，

然后通过这次一对一认识的小伙伴，进一步加入他所在的团体。这样的练习可以为我们的终极目标"一对多交流"提供很好的跳板。

第三阶段，就是我们的终极目标，一对多地交流了。

其实就是把之前的社交范围再做进一步扩展——我们首先去认识的不是团体中的某一个人，而是某几个人，再"多线程"地去拓宽人脉。毕竟一口吃不成个胖子，当孩子尝试去融入某个团体时，不可能同时让所有人都听他说话，此时可以让孩子先找到几个他认为比较容易接触的人，向他们进行自我介绍，和他们熟悉起来，然后再通过他们加入团体。

除三个阶段的战略之外，作为参谋的家长们尤其注意，别再给孩子贴上害羞的标签了，很多家长认为孩子儿时的害羞就意味着未来的"社交障碍"，可千万不要缺乏根据地给孩子扣上这样的帽子。比起焦虑和质疑，孩子更需要充分的信任和这样的信息：你那么优秀，你没问题的。

作为孩子日常生活中最重要的成年人，你对他的看法（就算你没对他说过）会直接影响你对他行为的分析，并影响你自己的教育模式，这样一来，很可能孩子本来就没事，但恰恰因为家长觉得"有问题"，便搞得真出了问题。

害羞本来就不愉快，而"害羞"的标签危害却比"害羞"

本身要来得强烈。我们都知道，标签是对复杂经历简明扼要的概括，也容易引发个人偏见及歪曲客观事实。例如，我经常在小区里碰到同一栋楼的家长带着自家孩子搭乘电梯，碰见我后，家长会让孩子叫"叔叔"，倘若孩子有些害羞，爸妈都会特别尴尬地向我解释："啊，我们家孩子很害羞，胆子小。"可是据我平时与孩子的接触，一点都不觉得这个孩子是"害羞"的。

我们经常会依据站不住脚的表面现象妄下结论，一旦这个结论被第二次证实，我们就自然而然地给自己贴上标签，而在往后，我们会相信一切能够证实这个标签的事，却忽略一切证明不成立的因素。因此，标签的力量是巨大的，错误的标签更是毁灭性的。

在孩子们身上，本不该有的标签其实很常见，除了"害羞"之外，还有一种，叫作"窝里横"。

"窝里横，人前尿"的孩子怎么办？

　　我家孩子曾就学的一个兴趣班里，有个孩子一跟别的小朋友有矛盾，比如玩具被抢了之类的，就只会气鼓鼓地含着眼泪在一旁站着，眼睁睁地看着别人抢走自己的玩具，在离他不远的地方玩。哪怕那玩具其实是他自己的，他也不去强调一下，或者争取一下，只知道委屈地站在一旁。每每这个时候，他奶奶就三步并作两步地上来劝慰："没事儿啊没事儿啊！我们就给他们玩儿一会儿！"再把这孩子薅到自己怀里。孩子生着闷气，又不能发泄在同龄人身上，这种情况下，就开始挥手打奶奶，看着还真是挺用劲儿的。那奶奶心疼孙子，也不说啥，干挨揍。

　　其实，这种干预方式就让这个孩子进入了一个"解决问题"的循环：我跟别的小朋友有矛盾，我不爽，可又因为不知道在表达过后对方会有什么反应——对方的行为是不可预估的，所以不知道该怎么办，这时我奶奶抱我走，我还是不爽，但我知道我奶奶肯定不会还手——奶奶的行为是可预估的，我打我奶奶，行了，我爽了。

但这哪是解决问题的方法？孩子在自己的生活中一不爽，就打奶奶？为什么现在的很多孩子窝里横？在外面受欺负了只会吃瘪，回了家怼家长，恨不得跟全家人闹脾气。

说白了，就是这么来的。

最根本的两个症结

造成这个问题的因素有两个，不过这两个因素的共同症结，都在孩子的"同伴社交"上。

孩子在社会化的同伴社交中——比如，亲子班、下楼踢球、跟其他的家庭一起出游等，被家长包办的事务太多，以至于缺乏"混江湖"的经验和能力，所以才会"人前尿"。

孩子在家庭中的同伴社交时——比如，跟爸爸妈妈打交道，去爷爷奶奶家过周末，宣泄负面情绪的对象往往就被集中到了家人身上，与此同时，表达方式也很有限，所以才会"窝里横"。

我们不妨做这样一个类比，孩子的同伴社交，其实是一个"混江湖"的过程。

那混江湖的第一个特点，就是靠自己。东方不败有葵花宝典，任我行有吸星大法，令狐冲有独孤九剑。就算有的江湖客往往有搭档，比如什么四大恶人、四大法王、桃谷六仙、武当七侠——那也得每个人身上有本事，别人才会带你玩。就算是葫芦娃，七兄弟也是各有神通，对吧？

家长最该做的是"传功"的事儿，让孩子能力有所提升，自己闯江湖，却往往越俎代庖，做了最不该做的事——帮孩子搞定一切。今天你看到的大部分孩子需要做同龄社交的场景，往往都少不了家长的身影，家长管择友、交友、处朋友，家长还要负责矛盾处理，约下次见面，带孩子去，准备见面时的各种"软硬件"——玩儿啥，吃啥，干点儿啥。

你记得自己小时候吗？跟同龄朋友在马路上溜达，兜里没钱，也没玩具，大家也不知道要到哪里去，一切都随心所欲自己决定，也很开心快乐啊！

你可能会说，现在的孩子多幸福！家长出钱带着玩，家长还管车接车送，家长还给他选择了门当户对的好朋友，没毛病啊！

但这不是江湖，这不是人跟人打交道的原始状态，这会让孩子在社交上变得"挑食"，一旦见到了真正的江湖，想乐观都乐观不起来。

不要为孩子解决任何问题

积极心理学家马丁·塞利格曼在《教出乐观的孩子》这本书里，提出了家长对孩子社交干预的首要原则：不要为孩子解决任何问题。

如果这个原则得不到践行，孩子跟家长在一起的时候，自然就横——因为无论如何，你都会为他解决问题；孩子跟别人在一起的时候，自然就怂——因为能解决问题的那个人，不是他自己，而是他爸妈。

我有一个朋友，就是在这种家庭里长大的。她是个女生，从小就打扮得漂漂亮亮，和什么人交往要经过爸妈的精挑细选。当时，要不是我认识她的时候，在学校里出了名地爱看书，估计她爸妈也不愿意让她跟我打交道。

我那朋友最近因为一点小事，生了快一个月的气。她在地铁车厢里站得好好的，面前座位的乘客起身下车，而她觉得办公室里坐了一天，现在站着也挺好，就没动。这时，有一个五十多岁的男性很用力地推开了她，一屁股坐在她面前的空位上，可能喝了点儿酒，还张嘴大骂了一句："好狗不挡道！"我那朋友非常错愕，一开始震惊，后来变成了愤怒和屈辱，但她确实没经历过这种事情，眼泪止不住地流了下来。但她同时还非常害怕，所以就木在了原地。那男的见状，不但没道歉，反而还继续骂骂咧咧起来。我那朋友直接蒙在了当场，啥也不说，只是一边发抖一边流泪，就这么挨了一路骂，直到旁边有人看不下去，说了那男的几句，那男的才下车。

如果是我，我不拽着这醉鬼下车找警察不算完；如果是你，你可能会觉得"我跟个酒鬼为什么要一般见识"，挪挪窝换个地儿站也就是了；换个别人，可能觉得这人有病，穿新鞋哪能踩狗屎，下一站下车，再等辆地铁，不就完了。

但我那朋友，她根本就不知道该怎么办，被吓傻在原地，为什么？因为她就没经历过江湖的这一面。

于是，她这一个月都过得不开心，甚至对人跟人的关系都变得悲观起来——"唉！原来陌生人之间是可以这样不友好的！"

醒醒吧！大姐！这是人跟人打交道的本来面貌——有能关键时刻救你命的陌生人，也有冷不丁要你命的陌生人，人跟人的关系和交互本来就多样，你一直被保护得太好，只跟爸妈精挑细选后的人打交道，吃了一辈子白米饭，突然吃窝窝头，自然会诧异。人这种生物，复杂得很，"仗义每多屠狗辈，负心多是读书人"，这话能流传下来，就很能说明问题了。

所以，很多孩子，因为在同龄社交上被父母关照太多，就成了人际关系中的豌豆公主。

做到这三点，不再窝里横

马丁·塞利格曼还说了一句话："给孩子长大的空间，才能让孩子长大。"没错，盆景都是脆弱的，而爬山虎呢？你有多高的墙，它就能爬多高。

掌握了这个观点，我提一些具体的解决建议：

第一，在孩子与同龄人打交道的时候，请不要干预太多，因为你早晚有一天，会干预不到孩子究竟跟什么人打交道。"孟母三迁"固然有道理，但是在三迁之前，孟子接触到的那些贩夫走卒，以及混得不好的人，我坚信，对于孟子的成长，也同样是有意义的。如果"第三迁"的目的地具有绝对的影响效力，那孟子老师的儿子，咋就没成为他爸那么有影响力的思想家呢？

第二，我带孩子外出，有一个非常重要的原则——孩子玩得开心，不要打断他；孩子跟其他孩子有了矛盾，先给他点时间自己处理。"不打断"很好理解，你作为一个成年人，玩手机游戏到关键时刻了，也不喜欢别人打断你，对吧？"给他点时间让他自己处理跟别的孩子的矛盾"，则是为了避免我们开头提到的那祖孙俩的情况。我们有必要让孩子自己尝试并投身去处理他遇到的问题，如果他真的搞不定了——才是我们该出手的时候。在人家什么话都没说，什么行为都没有的时候，我们就皇帝不急太监急地跳出来，跟孩子说怎样做才是对的——就算你说的是对的，可怎么说服孩子来认同你呢？他又没见到你说的这个方法是不是真的有效。

第三，让孩子自己拿出解决方案，就算拿不出来，家长的解决方案也要征询孩子的意见。我家儿子的同龄社交中也有闹矛盾的时候，这免不了。但是他生气，你总要让他发泄一下，说出来，表达出来。虽然我儿子没有打人的习惯，但如果他实在生气憋不住火，要动手了，我也会拦着，或者别人家孩子要打我儿子，我当然也会护着。但我紧接着做的，不是替谁当沙包，而是跟我家孩子就事论事地讨论，遇到这种情况，该怎么办，他能接受，我也觉得合适。有时候，我儿子一跺脚："不玩儿了！我们走！"我们就走了。有时候，我儿子说："我不想跟他玩了！"我们就换个地儿。甚至还有的时候，我儿子死活不妥协，我也会把对方小朋友和家长叫过来，一起商量下，到底该怎么办。

最后，我们还应该在日常生活中给孩子提供更多的表达负面情绪的渠道，这才不会给"窝里横"留出滋生空间。如果孩子在关系中感到不爽了，却只会大打出手，那其实是你给他情绪的水池只留下了一个会伤害到别人的龙头。我家孩子现在如果跟别人闹矛盾，会很严厉地喊："我不喜欢！你这样不对！"虽然这不一定是最好的表达与发泄方式，而且有的时候错的不是别人，而是他——但这起码比一言不合就动手打人强，这就是一种输出情绪的渠道。我们要做的是，拓宽孩子解决矛盾、表达自我的可能性空间，而不是给孩子当沙袋。

孩子对别人的看法总是"无所谓"，怎么办？

在谈到了难于融入群体，以及对同伴关系抱有恐惧心态的孩子之后，我们聊聊另一种同样让家长挠头的情况：佛系孩子。

不少小朋友在和别人互动时，总喜欢说"无所谓"。"孩子晚上想吃什么？""无所谓啊。""明天出去玩，穿哪件衣服呀？""我无所谓啊。"好像咱们的孩子对于生活中的很多事情都"没想法""没态度"。

这种"无所谓"还有好多的类似回答，例如："我都行""我随便""你们定"。而这种情况不仅会发生在亲子互动中，等孩子长大一些，这种"无所谓"的态度也会表现在和同学、朋友的互动中。就像小朋友们相约出去玩这种事，按说小朋友们都很有自己内心的想法，可偏偏有的孩子就过度被动，什么时候都是"随大溜"，其他小朋友往往能说出个所以然，偏偏他却只说个"我都行"。

与同学、朋友的同伴交流及互动，对孩子来说包裹感很强，自然也就是成长过程中锻炼社交技能的最主要方式，更关系着日后走入更复杂社交圈子的能力。在这种同伴交互中，个人的想法、态度、主见都很重要，而且不仅要有，还要学会去表达。但如果总是那么"佛系"，久而久之，这种对大多事情"没主见"的态度就会让孩子游离于社交团体的边缘，既不利于锻炼沟通表达，也不利于培养独立思维。

"无所谓"背后的内心体验

当孩子说"无所谓"时，他的内心究竟体验到了什么，感受到了什么？

比如，很多家庭里的日常问答：妈妈问孩子想吃啥，但孩子心不在焉地给了一句"随便"。当然，这种情况并不直接意味着什么不好的苗头，但天天都发生，家长也会挠头。

不少家长会想当然地认为，"随便"就是因为孩子对吃什么这件事真的没偏好、没态度。但如果我们进一步问问孩子，"你无所谓的话，今晚上吃西红柿炒鸡蛋吧？""啊，我不想吃你做的西红柿炒鸡蛋，酸死了。""那你想吃什么？""随便！"得，又来了。

当然，情况也没准是另一种——"要不给你做可乐鸡翅？""好啊好啊！可乐鸡翅好吃！"你看，其实他完全有自己的偏好和态度，喜欢啥不喜欢啥心里有数得很，但为什么一开始问他的时候，就变成"随便"了呢？

从表面来看，好像是孩子有想法，但就不跟你主动说。但事实上，对孩子来说，当被问到"想吃什么"这样开放性的问题时，可能在他们的大脑中，真的并没有出现什么想吃的东西。但如果问题变成了要不要吃西红柿炒鸡蛋和要不要吃可乐鸡翅这种封闭式的问题时，孩子就有了答案。因为对他们来说，这样的问题只需要回答是否就可以，而"想吃什么"则需要自己去想。

我们的孩子既不是完全没想法，也不只是懒得说。他们内心有偏好、有态度，却没把自己的这种偏好和态度组织成独立的语言表达出来。当然，这不仅仅是语言表达能力的问题，更涉及孩子的自主性、自发性和独立性。

总是说"无所谓"和"随便"的孩子，实际上是在与外界互动中缺乏独立的思考能力和自主自发的表达愿望的。所以当被问及自身的态度和偏好时，他们总是"懒得想"。

你的孩子有多大的影响力？

知道孩子"懒得想"并不是最终的答案。为什么人家的孩子"不懒得想"，反而咱们的孩子总是"懒得想"呢？

这关乎孩子的独立思考和表达观点到底能产生多大影响力。

如果刚才的对话变成了这样："孩子今晚想吃什么？""好久没吃可乐鸡翅了，今晚想吃可乐鸡翅。""吃什么可乐鸡翅，家里哪有鸡翅，给你做西红柿炒鸡蛋吧。"

孩子这端，其实把独立思考和表达观点都做到了，但并没有对"今晚吃什么"这个问题产生啥影响，最终的结果还是吃他看不上的西红柿炒鸡蛋。

这种对话所反映的现象，在日常生活中远比家长自以为的更常见。

孩子年幼时，大部分都有自己的想法，还会表达出来，可孩子经过独立思考表达完观点，却发现对最终结果不能产生分毫撼动，挫败感当然就出现了。这种情况越多，挫败越频繁，孩子们独立思考和表达观点的意愿自然也就会相应地慢慢减弱。他们的内心独白是这样的："既然我不管说啥，都是吃西红柿炒鸡蛋，那何必费那个脑子想呢？"

由内而外地，自然也就有了更多的"无所谓"和"随便"。

从本质上讲，表面上的"无所谓"，掩盖的是对生活的无奈感。当然，这种无奈感跟你想买房但缺首付款那种无奈感不太一样，孩子心中少有"无法控制生活"这么复杂的感受，但他们确实体验到了"自己的观点和想法并不被重视"或者"自己的观点和想法不重要"。就是这些感受，让孩子最终放弃了独立思考，转而选择被动接受，不表达也就不会被拒绝，这样才最安全。

一旦习惯了被动接受，自然就不会倒逼努力思考和表达，而随着孩子的成长，他在同学、朋友间的这种思考和表达能力的差异就会逐渐凸显，当孩子意识到相较周围的朋友，他本人就是"没想法"或是"不擅长表达"时，也就更加退缩，不敢或不愿表达。恶性循环由此产生。

如何让"佛系"孩子重新接地气？

如何从恶性循环中破局而出呢？已经缺失的"影响力信念"该怎样回归本位呢？

对家长来说，首先是减少封闭式提问，以开放式提问引发孩子思考。普通的封闭式提问最不利于个人独立思维拓展，这种发问都是判断题，孩子只能二选一。这样的发问过程，很多时候还是家长替孩子做了思考的工作，你其实都把晚上要吃的菜想好了，却让孩子选，但实际上，孩子有几分独立思考的空间和多大改变决策的可能性呢？

不过还有一种情况，家长用了开放式提问，但孩子会给出一个万能答案："无所谓"或者"随便"。

可能孩子已经习惯了这样应付开放式提问，那我们不妨循序渐进，先从小问题入手，如果"今晚吃什么"这样的问题太大，孩子直接用"无所谓"回应，那我们可以试着拆分一下，变成"今晚想吃什么菜""今晚主食吃什么""今晚想喝什么汤"这样稍微小一点的问题，孩子回答起来相对简单，需要思考的量也相对较小，比较适合最开始引发孩子独立思考，之后再慢慢问一些大的问题。

与此同时，增加积极反馈也很重要，这能让孩子感到自己的思想有影响力。

在孩子一端，当他发表了自己的观点，即便这些想法与家长不一致，甚至完全是异想天开，我们也不必急于否定。

如果你的孩子某天突然说："妈妈，我觉得学会打人特别好。"你会怎么应对呢？很多家长的第一反应就是"可千万不能让孩子形成这样的观点，不然将来出去天天和别人打架"，于是立刻回应："打人当然不好！好孩子都不打人！"

这样的回应在道理上没错，但表述上是屁股决定了脑袋，先站在了家长端，才开口说了话，而没有去关注孩子的思想本身。

在评价之前，我们需要先问一下："那你为什么会觉得打人特别好呀？"也许，孩子会给你讲他今天看到班上有女生被人欺负，其他小朋友为了保护小女生打了起来；或者会讲他今天看动画片的时候，看到超级英雄把反面角色打跑了。在评价之前，我们要做的是鼓励孩子把觉得"打人好"的原因先说出来——这本身对孩子来说，就是一种锻炼。

而且孩子一说出来真正原因，家长也往往可以理解孩子的观点从何而来，因势利导，也总比之前劈头盖脸先否定的管教效果好一些。毕竟更具有针对性地引导和教育，才能帮助孩子理解在不同情况下，打人这件事情具有不同的意义，也需要区别对待。这一套流程下来，孩子表达了独立的想法，还发现自己的想法可以成为跟父母交流的素材，也得到了来自成年人的更成熟的意见和反馈，自然就会助力于独立思考和表达观点的习惯养成。

最后，在亲子交互的这一环节中，尽量满足孩子主动提出的合理要求，也有积极作用。直接的满足，是让孩子感到自己表达观点会被重视的最好强化物。当然，并不是家长宠着、惯着孩子，孩子就能收获独立的人格，在不违背健康教育理念的前提下，尽量让孩子对生活有控制感，感觉自己的想法很重要，自己想做的事情被允许，这样才能从根本上解决孩子"佛系"的问题。

第 五 章

如何提升孩子的

影响力？

两个关键词：领导才能，公众表达

在我们全书情商模型的最高层级，就是"影响力"了。所谓影响力，指的是我们的孩子当下或者长大以后，能够对他人施加影响，以及应对来自他人影响的能力——这很重要，它能帮助一个孩子成为更好的老师、律师、企业家，也能帮助一个孩子免于受到传销、邪教和 PUA（pick-up artist 的简称，原意是搭讪艺术家，现在多指精神控制）的影响。

认为这种能力在情商中举足轻重的人，其实不止我一个。

比如，在心理学家皮特·萨洛维所领导的关于情商能力模型的研究中，情商被细化成四个方面的能力：情绪感知、情绪理解、情绪管理和情绪运用。

情绪感知是感受情绪状态与类别的能力，情绪理解是分析某个情绪的程度和成分的能力，情绪管理是管理自己合理表达或者压抑某种情绪的能力。

而"情绪运用"的能力，就是一种影响力的表现了。它指的是运用情绪促进自己与群体认知的能力。比如，一个好的演讲者或者喜剧演员，刻意通过自己情绪的运用，来带领观者与听众共同进入一个较高水平的认知领域。优秀的相声演员总能很好地运用这种能力，通过自己超越平铺直叙的情绪表达，给观众带来"幽默"这种相对高级的认知产品。而平稳一些的情绪表达，则是"暖男"们的武器，有的男性会不自觉地通过情绪运用，营造出充满治愈感的温暖气场。这种能力决定了情绪可以作为影响认知的一个因素，融入关系之中。

对于孩子们来说，对"影响力"与"情绪运用"的能力，最直接的两个表现，便在领导才能与公众表达这两个具体情境中了。

领导才能

我必须要说明的是，在这里所强调的领导才能，并不是要让孩子当班长或者逼着孩子去做某些社团的"学生官"。这里的领导才能，更多的是指要让我们的孩子在自己喜欢并擅长的领域，有意识、有选择地去施加针对群体的积极影响，同时，还要规避来自"乌合之众"以及"不靠谱权威"的负面影响。

如果回忆一下，你会发现，在上小学的时候，班里的班长往往并没有成为你们全班同学成年后最优秀的那个企业家。非但如此，当年学习成绩不怎么样，但是跟大家人缘都不错的那个孩子王，可能靠着白手起家，真正做了个企业出来。

在孩子的群体中，居于对别人施加管理的地位，往往并不意味着具有对别人施加影响的能力。我们没必要一个劲儿努力把孩子培养成什么集体的管理者，倒是很有必要让孩子体验、练习、实践靠着自己的能力影响他人的行为。

因为这种早期的经验，对于日后的领导力成长，是尤为重要的。

在一个经典的管理学研究（约翰·科特，1982）中，研究者探讨了优秀管理能力的根本源头。

他们把这些源头分为四类：与生俱来的天赋、童年经历、正规教育和职场经验。

而把高效领导力的组成部分划分为六类：上进心、个人价值观、能力技巧、声誉和业绩、行业口碑以及对于行业和企业的知识。

所有的源头里面，起到了最大影响效果的是职场经验，它影响了所有六个领导力指标，而排名第二的，就是童年经历，它一共影响了三个领导力要素：上进心、个人价值观和能力技巧。

这其实很好理解，如果一个孩子在人生的早期阶段，练习过也体验过依靠自身的努力来对他人施加影响，还尝到了甜头，那当然就会更有动力去率领组织实现突破，也会有更好的领导者三观，同时，还会有不错的领导力"童子功"。

公众表达

影响力的展现，除了帮你"带团队"的领导力之外，还有一个重要的表现形式，就是"公众表达"。

不管是演讲、授课还是汇报、表演，公众表达都在展现个人影响力层面，扮演着一个非常重要的角色，而且从目前的趋势来看，这个角色会越来越重要。

当我们谈到情商的时候，我们总是会认为——阳光、开朗、积极，这都是一个人情绪状态好与情商高的表现。但作为身处当代的社会人，心态和状态并不能决定生命中所有关键场合里我们的表现——对我们的孩子来说，也是一样的。在今天的职业场所，高情商的公众表达已经是一门严肃的必修课。在2015年针对全美300名雇主的调研中，老板们认为"在组织内部和组织外部进行良好口头表达的能力"是他们最看重的从业者素质，甚至超过了"在团队中与他人合作的能力"。在讲台、会议、陈述席、成果汇报等场合都需要用到高超的表达能力。孩子在摒弃了"茶壶里煮饺子——有货倒不出"的感觉后，才能够良好应对未来在学习、求职、工作、生活中需要"好好说话"的诸多场合。

"好好说话"是生命中非常重要的先发优势。语言能力强的孩子，往往会比不会说、不爱说、不敢说的孩子获得更多来自外界的资源倾斜。

我家孩子两岁七八个月的时候，在我接他从幼儿园回家的路上，突然抽泣。我赶快把车停到路边，和我老婆一起询问他到底发生了什么。他表述了一些当天发生的事情的片段，甚至说出了自己的一些感受——我们也很直观地把他说的几个片段拼凑起来，知道了在幼儿园发生了什么：他在玩火车玩具的时候，老师要求他不能再玩了，还"凶"了他，他感到很委屈。次日我们在送孩子的时候，也单独过问了昨天发生的事，老师解释是因为他玩火车影响了吃午饭，她不得不要求孩子先别玩，赶快把饭吃了。这件事其实让我感到非常放心，因为我确定了我儿子若离开我的视线范围，吃了亏或难受了，是愿意且有能力向我们两口子说清楚到底发生了什么事的。

这其实就给他带来了一种"先发优势"：因为他掌握了跟

大人沟通的语言能力，自然可以得到更多的资源以解决问题。当然，语言的先发优势不仅仅在对于校园霸凌这类事的预防上，因为"信息处理能力比别人强"，孩子也更容易培养出自信心、领导力和更广的知识面。

与此同时，好的表达往往也能换回优质的社交关系网络。关系的维持与发展需要高质量的交流，而表达是高质量交流的重要前提。我们在公众场合的优质表达，很可能会帮我们收获朋友、同好、潜在的合作伙伴，甚至恋人。

经验告诉我们，当我们说一个孩子很"招人喜欢"，在不少情况下，都是因为这孩子在某个公众表达的场合有了上佳表现。

甚至在很多关于"好孩子"的典故中，我们都太专注于这些孩子所表现出的能力和品格，却忽视了另外一个共性：这些孩子展现这些能力与品格时，同时带出来的公众表达能力。

孔融让梨说的话，是一种公众表达；曹冲称象说的话，也是一种公众表达；缇萦救父说的话，还是一种公众表达；甘罗出使时说的话，其实也是一种公众表达。

可能有的人会说，我给孩子报了主持人班、朗诵班，这能很好地锻炼孩子的公众表达能力了吧，也可以在情商的"影响力"层面很好地帮到孩子了吧？

但我并不很认可这个解决问题的方案。

因为绝大多数类似主题的培训，都过度在意孩子本身"音形体表"的技能培养，而忽略了"腹有诗书气自华"的内在储备。在这样的教育体系下走出来的孩子，与其说是擅长表达，倒不如说是擅长表演。

所以我认为，还是要从更加内在的角度，打造高情商的表达能力，进而赋能孩子的影响力。

那么，如果不上这些培训班，我们该怎么做呢？

孩子是个"空心人"，怎么办？

有这样一种孩子，他们把自己和别人撇得非常清楚——什么错都是别人的，怪不到自己头上，而自己也乐于活在自己的世界里，没有给别人施加影响力的诉求，小小年纪，就带着"多一事不如少一事"的想法。

为什么呢？

直升机父母从不给孩子留余地

在中国，很多爸妈训孩子的口头禅就是："你不要找客观原因""人家是人家，你是你""你不要推卸责任"。同时，还有很多孩子，是属于"不粘锅"类型的，不管自己闯了多大的祸，都觉得不是自己的问题——都是别人犯的错，自己没毛病。如果你细心点，还会发现这样一个很有趣的事实：前面这种父母，往往就是后面这种孩子的爹妈。

我来告诉你这样一个事实吧——"直升机父母"的孩子，往往都是"空心人"。

什么叫直升机父母？就是那种永远轰隆轰隆地盘旋在孩子头顶上的父母，他们深爱自己的孩子，但是既严格，又有着非常强的保护欲。他们的孩子可能很优秀，但他们往往觉得还要再进一步。事实上，他们的孩子优秀，在很大程度上就是这些父母把孩子连拉带拽地"拱"到了他们当下的状态。

但是，反观孩子本人——其实没有任何的决策权，他不能做自己真正喜欢的事情，不能选择跟谁做朋友，也不能决定要不要在某个星期日好好休息一天。他很优秀，但其实没有自我，他从来不跟自己对话——因为他的父母代替他完成了这项工作。他的父母从来不曾远离，全天候事无巨细地管理着这个孩子。

这样的孩子对外界往往是缺乏影响力的，原因很简单：他们从未体验过，原来自己还真有影响力。

我总能见到由这样的父母和孩子构成的家庭。父母往往事业有成，家里也不缺钱花，孩子通常也都要比同龄人更加优秀，但就算你不是个心理学者，你也能轻易地看出来：父母很焦虑，觉得还有很多事情要做，很多短板要弥补，而孩子很听话，父母说啥就是啥，自己不做决定，也不喜欢表达自己的观点。

请允许我跟你说实话——在体验上，我非常不喜欢接待这样的家庭。因为我问孩子的所有问题，都会被孩子的父母抢答，如果我执意要跟孩子谈谈，父母也会强烈暗示孩子按照他们的要求来给我反馈。以至于整个交流过程中，我一直感觉在跟一家子双簧演员对话。

心理治疗师、作家洛里·戈特利布写过一篇文章，刊载在《大西洋月刊》上，她在文中谈到了她的困惑：为什么她有那么多二十几岁的患者有着莫名其妙的抑郁症状，哪怕这些年轻人有着很棒的父母，而且还有着看起来很好的生活。这类患者的情况一直让她感到费解，直到她发现了问题的真正所在。"在学术研究中，"她写道，"临床方向所重点探讨的，一直是父母的养育缺失会如何影响到孩子。但从来都没人想过要问，如果父母养育过度，又该怎么办呢？这样的孩子又会有什么问题？"

我跟你讲，直升机父母就是养育过度的典型，因此，养育出了缺少影响力的空心孩子。直升机父母很强势——"你必须在二年级之前学会心算万以内的加减法！"孩子也不多想，照做了，但是因为能力有限，没学会。于是父母又批评："不要找客观原因！我看你就是不够努力！"那孩子就会感觉——又不是我自己要学的，逼我学之前也没征询过我的意见，我学就算给你们面子了，你们凭什么还要骂我？——自然就变成了不粘锅的空心人，更不用说主动对外界去施加影响力了。

　　直升机父母的本质，其实是不信任自己的孩子。而所有的直升机父母，都应该改变一下认知，这样去跟孩子对话："我相信你有能力对自己的生活做出正确抉择，就算不是特别正确，也相信你能从错误中吸取教训。"

　　只有在这种观念和态度的影响下，一个孩子才会去学着为自己做决定，进而学会去展现自身的影响力，当一个传播温暖的小太阳。

孩子"说不出个所以然"，怎么办？

我见过的不少家长，都很在意聆听孩子的想法与意见，但在询问孩子态度和感受的时候，却有可能碰到这样一个问题：你问孩子这个事儿他怎么想，他有什么感受，可能得不到你想要的答案。

因为很多孩子会这样回答："我没啥感受""我没怎么想啊""我就是不爽"。

至于为什么没感受，没怎么想到底是什么意思，究竟有多不爽——他们统统不知道。

别说孩子了，很多成年人做心理咨询的时候，也是这样。

跟咨询师只会一个劲儿说"我痛苦"。至于多痛苦，怎么痛苦，为什么痛苦，一概不知道，就知道俩字儿："痛苦"。这其实也是一种对于自我心理剖析水平不足的表现。如果一个孩子对自己内心的想法认识不够深刻，表达不够明晰，我们恐怕很难指望通过认知修正的方式，来让他的心智向高情商迈进。

积极拓宽孩子的情感谱系

在我看来，这个问题的核心点只有一个：情感谱系偏窄。你可以把人的情绪想象成一个绚丽的光谱，如果你内心的光谱足够完整，自然就会对情绪有更深入的理解和分析能力，但如果你内心的这个光谱处于一种缺损的状态，恐怕就不能理解很多情绪了——比如，你可能具备理解"高兴"的能力，但实际上并不知道"欣喜若狂"是什么样的感受，因为你从来没有体验过。

如果你没养过宠物，恐怕很难理解，对于有的人来说，宠物为什么那么重要，宠物的离世为什么会对他们打击那么大，就是这个道理。因为你内心与宠物有关的情绪感知，并没有被激活过。

今天中国的很多孩子，自我对话与表达内心的能力不足，很大的原因就是外显的能力很多，内在的体验很少。

所以，我的建议就变得很简单——在有条件的情况下，尽量让孩子有多样化的情绪体验。很多孩子被保护得太好，生命中最开心的事情就是母亲给他买了个 iPhone，生命中最难过的事情就是母亲不给他买最新款的 iPhone——真是这样的话，这个孩子怎么可能更加丰富地体验内心，进而去学会与自我对话，改变自己的"解释风格"，进而变得更有情商呢？

这简直是空中楼阁嘛。

如果你在询问孩子的感受，听他表达自我时，发现他说不明白，或者表述得非常单一，甚至在遭遇失败后只知道生闷气，自己连这个闷气是怎么来的都不知道——恐怕你需要在培养他表达能力之前，先完成一个重要的前置工作——让他去更多更细致地体验多样化的情绪。

我们很难想象，一个跟着爷爷奶奶长大，每天活动空间有限，活动内容有限，接触人员有限的小朋友，能有多少多样化的体验。

所以，最直接的解决方案是带着孩子去不同的地方，做不同的事情，跟不同的人打交道，遭遇不同的突发状况，自然而然地，就能有不同的感受了。

在此基础上，孩子才有可能跟你说"掏心窝子的话"，我们在培养孩子情商的进程中，也才能真正地了解他们的内心想法，再把我们希望他们做到的认知改变植入干预的过程。

孩子不善表达，怎么办？

影响力的部分往往是儿童情商课中的"高级内容"，有点像考试时的那道"思考题"。在这方面，你不一定要有多么卓越的表现才算"情商高"，但如果你想让生活的质量更上一层楼，它还是必备的能力。

许多"人上人"都很擅长表达，相信你也能说出不少同为演讲高手的成功人士。公众表达，是一个人通过表达自己影响他人，进而提高自身影响力的最直接、最有效的方式。

这种公众表达的能力，在我看来，依然是可以培养的。

抓住锻炼的机会

这种培养的最基本构成，就是练习——大量地练习，频繁地练习，有挑战地练习。

很多家长觉得，孩子没那么多练习公众表达的机会，只有在演讲比赛中，站在台上演讲才算是公众表达，那如果要锻炼，肯定就是要孩子参加演讲比赛。这是第一个误区。

单从形式上讲，哪怕是泼妇骂街都是一种公众表达，只是不够优雅罢了，我们不妨拓宽一下对公众表达的认识。在现实世界中，它有着各种各样的表现手段，而演讲比赛只是公众表达中的一种相对特殊的形式罢了。

公众表达是什么？说白了，就是一个人在一群人面前说话。甚至说要练演讲，也得先练说话，"讲"要比"演"来得更重要也更基础，为讲明白某个观点而增加演的成分，这是可取的，为了演得好看而强加观点，跟现在很多不入流的小品一样，那便会南辕北辙。

不少父母很看重对孩子公众表达能力的培养，所以在孩子很小的时候，就给他报个演讲班，从小适应麦克风。但我对此持保留态度，一方面，我所接触的很多这方面的少儿培训，基本上重视"演"而不重视"讲"；另一方面，在生活中，我们也不缺少让孩子练习口头表达的机会。

最简单的一个方法就是：让孩子每天从幼儿园、学校放学后跟爸爸妈妈说一说，这一天过得怎么样。

从早上送入学校开始，到晚上接到孩子这一期间，孩子在学校的经历，其实家长不太清楚。但在小朋友的视角中，这一天完全可能有别样的精彩，虽然大部分时间都在上课，但肯定也会发生很多让孩子感到有趣的事情，或者有"情绪点"的事件，让孩子跟家长聊聊这些经历与体验，同样是锻炼口头表达能力。

也许有人会表示不屑：讲每天的流水账？这算哪门子口头表达？况且，孩子的生活里，哪能天天都有新鲜事呢？

事实上，就算同一个故事，不同的人讲，用不同的方法讲，感受都会不一样。就像讲同一个笑话，也没准甲讲完了全场爆笑，而乙讲完了听众却一头雾水。表述并不仅仅关乎内容，还有起承转合，详略得当，以及讲述人在表达中的音、形、体、表多种元素。让孩子练习讲述自己的一天，并不是让他们像某些单位机关工作汇报一样，把该讲的讲完就拉倒，而是要让他们在讲述的时候，练习输出影响力，能把有趣的讲得确实很有趣，把难过的讲得真的很难过，把愤怒的讲得着实很愤怒。

这个技能其实不容易掌握，甚至很多大人也没有掌握。这给我们提出了两点要求：要让孩子慢慢练，要允许孩子在这方面的能力起点比你的想象低一些。

比较幼龄的孩子讲的话的确会有很多需要改进的地方，比如些许的逻辑不清，或者遗漏了部分重要内容，导致听者没明白究竟发生了什么。这时候，来自父母的辅导就变得非常重要。

一方面，千万不要给孩子一些过于宽泛的指导。"孩子，妈妈没听懂，能再讲得详细一点吗？"这样的指导对孩子来说可能过于概括，他其实并不领会什么叫"再详细一点"。对孩子来说，他已经把能想起来的都告诉你了。所以，此时的指导一定要更加具体。"孩子，你刚才说，豆豆把睿睿惹哭了，能告诉妈妈豆豆做了什么，把睿睿惹哭了吗？"类似这样具体的询问，就可以让孩子明白，原来自己在讲述的时候把这一部分省略掉了，导致其他人听不懂，进而补充修正自己的表达内容。

另一方面，对幼儿园或小学低年级的孩子而言，暂时还不具备完全靠自己把故事讲完整的能力。那么，家长在和孩子一起做表达练习的时候，就可以先给孩子讲讲自己今天碰见的事——别担心，就算你的表达能力上升不到演讲家的水平，但在这个阶段教教孩子还是绰绰有余的。这样由上而下地进行表达，再让孩子由下而上地进行回应表达，就是一种示范，也是一种表达素材、表达技术的传递。效果会在潜移默化中产生，你给孩子讲得多了，孩子也就更明白该怎么讲。

最后，家长要做好期待管理，别总想着孩子能一口吃成个胖子。最好能把亲子间的互相表达作为一种日常化的亲子互动，而不要当成给孩子施加训练的硬性任务。一件事儿变成了任务，就有了期待和压力，家长期待着看到孩子进步神速、舌灿莲花，而孩子却感到背上了必须把事情讲清楚的压力。一旦期待没有被满足，结果就是家长失望，孩子退缩，能力非但得不到提高，反而会在"安全区"里一退再退，只表达自己能表达的东西。人与人的交流本来就是社交常态，让它变成日常活动才是最合适的，每天能有半个小时到一个小时的闲聊时间，轻轻松松聊一聊，才是最合适的，可谓一举多得：增进亲子感情，让家长更了解孩子，同时还能锻炼孩子的表达能力。

让表达融入日常，变成"瀑布式练习"，靠着累积与放大的效应，才能让影响力的收益最大化。

如果能从幼儿园开始，就和孩子多加练习，那孩子在小学入学的时候，口头表达就要比同龄人更有技巧了。这种优势会令孩子在同伴关系中有更好的表现，也会积极反哺孩子的个人认同与人际关系，乃至师生关系。与此同时，对于公众表达的练习机会还会进一步多点开花，不仅仅在父母面前，甚至可以在班级同学面前、老师面前，而这些练习，都为影响力的进一步发展提供助力。

公众表达不只是说说话

在养育中，我和很多父母一样，长久以来的观点都是"寓教于乐"，游戏和玩耍是最好的学习方式，而兴趣和乐趣是最大的学习动力。

公众表达能力的提升也不例外，与能力伴生的意愿也非常重要。

兴趣不完全靠后天培养，其实和先天因素也有一定的关联。有的孩子就是先天比较善于表达，从小就特别爱说话，"妈妈，今天辰辰被老师批了一顿""妈妈，今天数学老师一上课就特生气""妈妈，你知道吗，果果画画可好看了"……有的家长找到我，却说自己被孩子连珠炮似的话语搞得疲于应对。

我回复他们："好消息！多利用！"

对于有表达欲的孩子，最有用的练习方式，就是"深化表达"，比如教他们把一句话变成一段话。"晨晨被老师批了一顿，是因为他做了什么错事吗？老师是怎么批评他的呀？老师批评完，晨晨是什么心情呀？又做了什么呀？"让孩子学会把一件事情的原因、经过、结果讲清楚，而讲述的过程不仅是对语言表达的锻炼，也是对孩子思维逻辑的锻炼。而且只要孩子发现自己在讲述事情的方面比其他人更好，他自然就更愿意去做这样的事情，兴趣、投入再搭配意愿，那就没有不进步的道理。

但还有很多父母，遇到的困难可能是孩子恰恰没有这方面的兴趣，本来就是个不善表达的"闷葫芦"。对此，我并不建议鸡血式的"只要多鼓励，就会有兴趣"，而是建议家长帮助孩子去挖掘真正的兴趣和特长所在。

这两点并不矛盾——你不用逼迫孩子喜欢演讲，但你可以帮助孩子发现他喜欢演奏某件乐器。因为并不是只有说话才是公众表达。

对很多家长来说，他们心目中公众表达的范畴亟待拓宽。难道公众表达只包括公开演讲这一种形式吗？公开表演算不算呢？郎朗在维也纳金色大厅演奏钢琴，是不是在进行公众表达呢？帕瓦罗蒂演唱《我的太阳》，是不是在进行公众表达呢？杨丽萍表演舞蹈《雀之灵》，又算不算公众表达呢？在我看来，这些都是在进行公众表达。

无论是演奏乐器、唱歌还是舞蹈表演，其实都是在向他人传递信息和情感，只不过它不是以语言这种形式进行直接交流，但观众或听众却实实在在地感受到了艺术家想要表达的内容。

所以，即便我们的孩子天性内敛、不善言辞，也并不意味着我们的孩子就不擅长公众表达，很多内向的孩子有着艺术方面的天赋，艺术就是他们表达自己内心活动和情感的最好的语言。我们要做的是鼓励和帮助孩子学会和敢于用艺术表达自己。如果此时家长缘木求鱼，认为孩子必须会说话、会沟通，必须学会八面玲珑、巧舌如簧，反而忽视了孩子在艺术方面的天赋，那不就是舍本逐末了？

再换一个更加现实的角度来谈。假设孩子确实相对于演讲来说，更擅长弹琴，家长就算硬逼着他去演讲，他的表现恐怕也不会很好，只会给他人、给家长、给孩子自己留下能力欠佳的感受。可如果让他有自由选择的权利，选择他喜欢和有兴趣的表达方式，去弹琴、去跳舞、去唱歌，那无论是登台演出还是参加比赛，同样会拥有表达自己的机会，而这种主场作战的表达，也会为自己赢来更多的赞赏和认可。

培养孩子的公众表达，不要只把目光放在能说会道这件事上，那未免太片面，家长更应该拓宽视野，找到孩子真正擅长和感兴趣的表达形式，做他能堪大任的主场。

怎样帮助孩子更好地登台表演？

公众表达和展现影响力的场景中，哪个挑战最大？不分老幼，对很多人来说，想必就是"登台表演"了吧。

成人的焦虑，可以靠着自己加以克服；孩子的羞怯，却需要在自我努力之外，多点来自家长的扶持。在这方面帮助孩子，需要在三个阶段发力：登台前的准备工作、登台中的技巧和登台后的应对。

登台表演的大敌——胆怯

大部分人在公众面前演讲或表现才艺时，或多或少都会感到紧张和不安，这其实是一种完全正常的状态。你看到的那些全无退意、热情投入，不在乎外界目光而沉浸在自己的表达中的——才是"不正常"，因为他们依托的是独有的天分、练习和性格。

这种紧张和焦虑往往被心理学家称为"应激状态"，短暂和轻度的应激会促进肾上腺素分泌，加快心跳和血液流动，可以提高大脑和肌肉的兴奋水平，从而改善体育运动或脑力活动的表现，但过度的应激则会阻滞思维，降低身体的灵活性，反而影响表现和发挥。既然在绝大多数情况下，紧张都不可避免，那父母要做的就是帮助孩子在登台演出时，将这种紧张和不安控制在一个比较低的、有益于表现的程度。

很多家长爱说"要化压力为动力"，其实也是同样的意思，但我平时不太喜欢这句话，因为它暗示了"所有的压力都能转化为动力"，而这实际上是根本不成立的。因为只有比较低的应激状态，才能真正转化成更好的行为表现。

就算你家孩子没有登台演出过，但你本人在成长的过程中，也肯定有过上台发言或者表演节目的经历吧？哪怕儿时没有过类似经历，在目前的工作中，也要做报告或是在公司年会上表演节目的吧？不妨回想一下，你当时紧不紧张？如果紧张的话，有什么办法能帮你缓解一下吗？

因人不同，经验也不同。可能是领导或老师的一句安慰："别担心，正常发挥就行。"也有人觉得同事或朋友的鼓励特别有用："姐，加油，以你的能力，没问题的！"不同的人会有不同的答案，但其核心都一样：我们对自己接下来表现的确信程度越高，对我们的帮助越大。

如果你知道自己接下来的表现肯定还不错，那你是不会过度紧张的。熟悉你表现的领导或老师告诉你，你平时的表现很好，正常发挥就可以；了解你的同事或朋友向你传递了他们对你表现的信心。其实这些都能帮你在内心强化对自己接下来表现的确信感，他们让你确信，不会出岔子，而这种确信的感觉能让你放松下来。

我们不妨再多想一个场景，包括我在内，每个人都有过在公开表达前特别紧张的体验。那么当时紧张的究竟是什么呢？也许是对自己表现的不确定，也可能对万一出丑遭到嘲笑感到不安，那这些担忧就让我们左思右想、瞻前顾后，就是不能把思绪集中在当下，全身心地投入马上开始的演讲或演出。脑子不够用，同时思考的线程太多，那么在这样的不安中，忘词、演砸也就成了大概率事件。

以上这些心理活动对孩子同样适用，所以我们家长要做的，就变得非常明晰：帮助孩子增加对自己表现的确信感，并减少左顾右盼所带来的不安，放到具体的实践中，一要消除排名思维，二要增加模拟训练，三要提供情感支持。

在思想上没包袱，在舞台上才有动力。但不少家长有这样一种思想，还总不好意思承认：我家孩子做什么都要做得最好，要当就当第一。

　　妈妈问："安安考了第几名呀？"安安开心地说："全班第二！"妈妈说："安安真棒，继续努力，咱们下次争取考第一！"其实就是变相地告知，第二还是不够好，只有第一才能让妈妈满意。比当第一更让孩子挠头的，是家长们对孩子变好的期望永无止境。在平时的表达上，就是爱说这样的话："宝宝很棒，要是……就更好了。"这句话简直就是鼓励孩子的毒药，当孩子做成了一件自认为很不错的事情，兴冲冲地跑来跟你要赞美，你虽然给了他认可，但赞美中居然还夹杂着不满意。久而久之，会让孩子有这样的体验：自己对"表现好"的感受其实并不准确，自己感觉到"表现好"并不代表自己"真的好"，因为当自己"感受好"时，妈妈或其他人总会用"但是"来提出更高的要求。有个孩子还跟我说过："听我妈说话的时候，'只要'和'但是'前面的话都不用听。"

　　经常听这些话，孩子的心理包袱没法不大，毕竟他需要从别人的真实评价中感受自己做得够不够好。家长真正要做的是，不带转折的鼓励，把好与坏的感受更多地交给孩子自己来评判，而不是总以大人的感受好坏来评价孩子的表现。

　　演出前，除了话语上的鼓励，还要更多地安排模拟演练。很多家长也懂得，在孩子上台前，多彩排几次，来帮助孩子熟悉表演过程，做到心中有数。但在演练的时候，很多家长却因为急躁，让模拟演练起到了反作用。模拟演练时，家长应该是这样的：严肃认真，但态度要温和。要让孩子像真正的表演一样去对待演练，严肃认真很有必要，不能只是走走过场，这样要求一点都不为过。但要求是要求，态度是态度，我们为什么不能温和一点呢？严肃不等于训斥和批评，既然是演练，肯定有很多做得不到位的地方，要不然还要什么彩排？但很多家长在指出孩子缺点和不足的时候，颇有恨铁不成钢的感觉——所以，别那么焦躁，温柔点。

除此之外，还要做好笔记，不要中途打断。演练阶段，要想真正帮孩子的忙，家长可以拿个小本本做笔记，哪里做得不够好，就及时记下来，而非随便打断与指摘。有些家长一碰到有问题的地方，就立刻打断孩子，让他改正，可这不但扰乱了练习的节奏，还会让孩子对接下来的表现信心大挫。有这份时时打断的心思，倒不如做笔记的时候记录得准确一点，然后在全部演练完后专门指导。这种统一修改、统一精进，才能让孩子的表达节奏不被打断，同时表达质量更上一层楼。人类的记忆有近因效应，也就是距离回忆越近的内容记得越清楚，如果对修改的内容没有统一的重新演练，孩子很容易学了新的忘了旧的，只有统一修正重新彩排，才能真的记住。

最后，在情感上以表达支持、鼓励为主，指导为辅。很多父母一开始其实也这么想，但执行起来就有指手画脚的冲动。因为我们习惯于关注那些表现得不够好的内容，在给孩子反馈的时候，就会不假思索单刀直入地指出需要改进的地方。却容易忘记最关键的部分：除了有限几处不足外，孩子的大部分表现还是很不错的。

这些表现不错的部分经常会被家长当作"理所应当"而被忽视，最直接的结果就是给出的点评贬多褒少，一点都不客观。在评价孩子表现的时候，你不妨给自己列个提纲，把必备内容合理安排上，比如一定要把孩子哪个部分做得特别好说出来，而且要说得详细，比如某个词重读得很到位，某句话的情感很充沛等。能让孩子表现越来越好的办法不仅有纠错，把优势扩大同样重要。让孩子记住自己做得好的地方，之后好的部分就能一直保留下来。而孩子感到自己表现其实是很好的，这不就也是在增加对自己表现的确信感嘛！

临场表现，不必时时捏把汗

在孩子的临场表现上，主要有两类工作要做：交互技巧和危机应对。

第一个交互技巧，我讲课时也很喜欢用，那就是"关注积极反馈"。顾名思义，就是在进行表达时，去关注台下观众的那些比较积极的反馈。

不管在什么场合讲课，台下听我说话的人都有着各种各样的表现和反应，哪怕他们的情绪表现高度一致，表情和动作也不太一样。在大多数表达场合中，可能有人在专注倾听，有人频频点头和微笑，还有的人心不在焉，甚至也有趴着睡觉看不见脸的听众。对长时间且有深度的表达来说，没有演讲者能让台下所有人都对他所讲的内容保持高度专注并完全认可，说白了，并不是所有的听众都是你可以争取的对象。

但本着对"真实"听众负责的态度，我们也要好好表达。这招对成年人和孩子同样适用：在表达时，有意识地多去看一看那些认真倾听或点头微笑的人，甚至看一看聆听你的那些面目和善或长得漂亮的人。这些人的存在与动作，就是我们所谓的"积极反馈"，关注积极反馈可以帮助孩子自信表达，同时更加放松，自然也就越讲越好。而在很多表达场合中，表达者与观众的目光交流，也会促进这些有积极反馈的观众做出更多的积极反馈，良性循环也就产生了。

很多父母自告奋勇地充当孩子在台下的积极反馈提供者，只要孩子接受，这当然没问题。孩子上台，也往往允许父母到场观摩，如果遇到听众比较沉闷，或者评委老师比较严肃的时候，父母在台下与孩子的眼神交流便成为孩子表演自信的重要来源。微笑、点头、小小的手势，都可以给在台上表演的孩子带来巨大的肯定和鼓励。但是，如果孩子明确表示父母到场会让自己更紧张——那你们还是低调为好。

还有一个技巧，叫"外归因法"。在表达的过程中，没准会有各种各样让孩子感到紧张和不安的反馈，例如有人睡觉，有人玩手机，有人窃窃私语，有人表情凝重。我们要让孩子知道——很多时候，听众可能出于自己的原因而不能认真倾听，并不是因为孩子在当下的表现不够好。假如有位听众家里有人生病，那他确实需要打电话询问病情；又如打瞌睡那位是昨天没有休息好，那他确实会困；还有人窃窃私语，则可能因为遇到了好久没见的朋友；有人玩手机，那是因为他是被逼着来坐在这里的，他对活动其实并不感兴趣——这些原因和他们自身有更多相关，而跟谁在台上表演没啥关系。很多时候，听众没有认真听，并不意味着演讲者表现得不够好。当然，"外归因"并不是不由分说地"甩锅"，而是为了调整孩子临场表现的状态。它是不被负面因素影响的重要手段，在帮助孩子使用这个方法时，千万别一不留神变成了教孩子对听众挑刺找碴儿。

表达的对象在玩手机，这是小问题，但如果讲一半忘了词，那可能就是大事故了。

所谓"危机"就是指台上的一些突发情况，而最好的应对方式肯定是"防患于未然"，之前练得多，之后才能错得少。可台上台下毕竟不一样，麦克风一开，自然会紧张，一旦紧张到忘词，该怎么办呢？

一方面，还是要有目的地做好准备工作。帮助孩子准备时，就要对"问题点"多加注意，反复练习，哪些地方容易忘、容易错，都有必要事先关照到，在这些地方想一些能迅速帮助孩子想起来的小线索。例如，用谐音、联想记忆等方法，让孩子在说到某个地方卡壳的时候，能通过回想演练时的线索找回遗忘的记忆。

除此之外，在台上犯了错，不妨先深呼吸让自己冷静一下。人在焦虑的时候很容易因为紧张而呼吸过快、过浅，而深呼吸可以降低交感神经系统的兴奋性，从而降低肌肉紧张，缓解焦虑，作用不言而喻。至于更高级的手段，则是灵活应对、随机应变，一方面不要对事故过于恐惧，另一方面如果真的忘词了，也完全可以停下来稍微想一下，甚至用些玩笑话调侃自己来缓解尴尬的气氛。这种"现挂"的技术难以一蹴而就地掌握，要想让孩子有这样化腐朽为神奇的高光时刻，往往需要更多的储备与练习。

胜可骄，败不馁

走下舞台，并不是结束。复盘和反馈，决定着未来的表现。

我的建议是"胜可骄，败不馁"。

好的结果，需要被充分体验和充分感受。太多国人习惯了内敛，我们从小接受的教育也是时时要谦虚，从我们的长辈开始，就担心孩子表现好了会骄傲自满，从此不求上进。这种担心不是没有道理，但很多时候，它给孩子带来的伤害可能会大于收益。

这种对骄傲的过度担心，已经让很多家长变得极为敏感。比如，孩子期末考完试，兴高采烈地跑来说："妈妈我得了100分！"多么值得开心的事情，对吧？妈妈自然也感到宽慰高兴，但孩子接下来的一句话却让妈妈陷入担心："这下终于可以轻松地玩啦！"妈妈之所以会担心，是一系列灾难化解读导致的——"一次考试不能代表将来成绩一直都好，而孩子居然觉得可以轻松地玩了！这是骄傲的表现，现在不掐灭这个苗头，以后肯定不好好学了。"于是妈妈定定心神，决定提醒一下孩子："确实考得不错，但这只能代表你之前学得很努力，之后也不能掉以轻心呀，还要再接再厉才行。"

这句话在家长看来没有丝毫问题，但给孩子的伤害，不亚于我们之前说过的"要是……就更好了"。这时候妈妈对孩子骄傲的担心和孩子目前对取得好成绩的良好感受，其实是完全不匹配的，是很"违和"的。妈妈如此回应，就相当于在告诉孩子，即使取得了好成绩，也不能太过开心。但这是不成立的：取得了好成绩不能开心，要考不好了才开心吗？肯定不是。那什么时候才能开心呢？从妈妈"灾难化解读"的视角来看，什么时候恐怕都不能开心。

对当下的很多孩子来说，开心的体验实在是太少了。家长们把人生形容为比赛，把学习考试形容为"千军万马过独木桥"，所以在到达终点前都不能轻松，都不能开心。其实作为成年人，你我都知道，等到了终点，其实也不轻松，也不开心。

事实上，只有在成功的时候充分体验开心，才能在失败的时候勇于坚持——要不然，你都不知道你为什么要坚持。

对成功的体验会在心中累积，它不是对某件事情的体验，而是对自身能力和价值的体验。孩子做成一件事，父母作为重要他人，跟孩子一起开心，共同享受成功的愉悦，而这份记忆会留存下来，并和其他类似的记忆一起，构成孩子的自我价值感。这个储备足够了，孩子才会认为自己有能力、有价值。

这种认为自己有能力、有价值的感受，是帮助孩子应对挑战和挫折的重要力量。

老话里的"胜不骄"要改，但"败不馁"不用。

"败不馁"需要有资本，就是足够充盈的自我价值感。当孩子因为一次失误演砸了，必然会受挫、沮丧。挫折并不是上天的礼物，挫折就是挫折，就是会让人感到痛苦和沮丧。家长、生活与现实世界，都要帮孩子学会如何正确地面对挫折、经历挫折、应对挫折，而不被其打败。

这时，很重要的一点就是，把失败的结果和自我的价值感区分开来，给挫折和自我价值感松绑。

父母要跟孩子一起坚定地相信：一次的失败并不意味着对整个人的否定。很多事就是会出现挫折和不顺，但这并不意味着这件事情就做不下去了，失败并不是永远的标签。

这些信念可以让孩子把失败和自我区隔开来，就像杀毒软件一样，给价值感留出一块安全的"隔离区"，来帮助自己应对未来的挑战。当一个孩子拥有稳定的自我价值感时，就可以更快地在挫折的打击后站起来。毕竟，那些曾经的成功经验告诉他：他其实一直都很有价值，只是这一次没有发挥好，或没有准备好。

能帮孩子面对困难的，不仅有他自己的价值感，还有家长。在孩子面对失败时，家长们也要学会调整自己的态度，不要在孩子已经很沮丧的时候，还跟在屁股后面絮叨："怎么回事儿啊？不是准备得挺充分的吗，怎么就没表现好呢？"你觉得，孩子怎样回答这样的问题才合适呢？所有这样的质问，只会让孩子陷入更深的自我否定。虽然因为在意，父母也会因为孩子的失败很沮丧，而孩子才是那个最伤心的当事人，如果你发现孩子并不难过，那很可能是他本身就不在乎这件事，反而是家长太过在乎。

作为成年人，不管是在能力上，还是责任上，都要更快地调整好自己的心态，并把好的状态呈现及传递给孩子。你不用说什么，和善淡然地陪伴与安慰，就是最好的。

因为有了靠谱的父母，孩子登场、临场、退场，从自我介绍再到谢幕离去，聚光灯下的是孩子自己，但他一点都不孤独。

写在最后：
愿你也能培养出高情商的孩子

在用近十万字去追逐与探讨"如何培养高情商的孩子"之后，在全书的最后，我想谈这样一件事：

　　在培养高情商的孩子时，我们作为家长，最重要的努力方向在哪里？

　　我们仅仅是为了让孩子有自信、够阳光、与人打交道的时候不怯场吗？

　　其实，最重要的一件事是，让孩子们找到值得他们守护的东西。

　　有了这样东西，一个人自然就有干劲，愿交流，积极而又乐观。

　　最近我表哥给我打了个电话，他女儿在西南某省读一所省级师范大学，大二了。他上个星期花了五天时间去看女儿，原本的计划一大堆：劝女儿入党，要求女儿做好读研的准备，想见见女儿的辅导员和老师，问问女儿如果要保研，需要做哪些准备，顺便看看房价，想让女儿就留那儿算了。

　　之所以给我打电话，是因为他很失望。

他回到家两天，难受了两天。因为在那五天里，他一件事儿都没搞定。我这个表哥是当兵出身，一直都有着"保证完成任务"的执着精神。但是，他女儿拒绝接受任何学习上的管理，也不让他去见学校任何的老师，同时表示对自己大学所在的城市没有感情，至于以后去哪儿，现在没想法。考研？才大二，瞎琢磨什么考研？

我表哥发现女儿选课只选下午和晚上的课，早睡早起半辈子的他非常焦虑——"老弟，这睡懒觉都比学习重要，可咋办？"

他想让孩子在寒假打打工，或者报个英语班，总之，紧张起来，顺便体验一下挣钱不容易，鞭策一下她。

你觉得这是个好方法吗？我觉得，这个方法能缓解我哥的焦虑，却大概率不能引导我侄女对未来的生活充满活力、对自己充满认同，以及用一种良好的状态投入到群体中。

我建议他放假的时候，让孩子来北京待半个月，看看展会，逛逛博物馆，给我当当助教，见见各行各业的优秀女性是什么样子的，可能还相对靠谱些。

毕竟，尼采说过，人永远无法成为他没见过的那种人。

今天的孩子似乎缺少好的情绪状态，就像我们提到过的"丧"与"佛系"。今天的孩子似乎同样也缺少对于个人情绪管理上的正确态度。二十年前，人们说我们这一代八〇后缺乏"信仰"；

十年前，人们说九〇后没有"理想"，现在，人们说〇〇后"丧"；再过十年，天知道有什么词汇会被当标签一样贴在下一代孩子身上。

我觉得，"信仰"和"理想"这类太大的词汇都有失偏颇了。在我看来，是很多年轻人，打心眼里缺少"值得守护的东西"。这个东西，跟"信仰"和"理想"还是有所区别的。

这个问题，在很大程度上时间就能帮上忙。

八〇后如今三十多了，没出乱子吧？汶川大地震是个节点，人们发现，八〇后没毛病啊。第一批九〇后如今也三十多了，不是照样很优秀？新媒体、互联网、玩儿跨界的，哪里少得了九〇后？

今天你能看到我写下的这些文字，相当一部分工作就是九〇后的弟弟妹妹帮忙完成的。所以，作为心理学人，我会为某个具体孩子的未来感到焦虑，但从来不会对一代人产生所谓的"代际焦虑"。历史车轮滚滚向前，哪还有一代不如一代的道理？

今天的年轻一代，对于"值得守护的东西"，其实是有很深刻的认识的。他们看《火影忍者》《海贼王》《刀剑神域》，甚至背着父母偷偷看《进击的巨人》和《东京食尸鬼》，这里面每个动漫都有一个主人公，是为了某个"值得守护的东西"，推动了整个剧情的发展。你跟我说今天的孩子不知道"有东西值得去守护"是什么感觉，我是不信的。

问题出在，他一直都没有找到值得自己守护的那个东西。这个东西可能会在二三十岁的时候自然而然地出现，要守护房子，所以挣钱还房贷；要守护婚姻，所以要好好努力，经营感情；要守护自己的孩子，所以要努力打拼，给孩子攒将来出国留学的钱。

但我们大可不必让孩子等那么久，才找到一个这样的守护对象，虽然美好，但多少有点世俗。

当你教导孩子要"情商高"时，你其实就是在教他认识自己，并对自己及世界所形成的理论感到好奇。你教他对自己的世界及塑造自己的生活采取积极的态度，而不是消极地等待、接受发生在他身上的事。

有想要的东西，有想守护的人，有想追逐的偶像——你总要先见过他们吧。孩子追求这些事物，是他们自己的事，让他们尽早地发现这种激情所在，却是我们家长的责任。

这方面，中国家长面对一个巨大的敌人：成功，有标准答案。有很多次，我面对过家长这样的质疑："老师你说得没错，但孩子成绩不好，上不了好大学，以后有什么出息？现在这个社会就是这样，你说怎么办？"

中国孩子的成长，似乎是有标准答案的，但实际上，每个孩子的成长，都没有标准答案。家长以为的唯一出路，完全有可能不对孩子本人的路子。

这种视角，会极大地禁锢孩子发展的可能性。设想，因为家长有了先入为主的思维，认可一条标准的人生路径，那孩子自然就会丧失很多人生路径的体验机会。我们现在总是吐槽的"上学不让谈恋爱，大学一毕业就逼婚"等现象，在本质上，其实都属于上面这个问题。

你遏制了孩子发展的多样性与可能性，孩子自然而然就会迷茫、彷徨、无所适从。

说一千道一万，想要情商高，前提是要留给情商足够的空间，在一条被锁死的道路上，谁都想不起来要培养情商的嘛！

指着一个确定的东西，没有根据地告诉孩子要"高情商"地去对待它，这不叫养育，这叫糊弄。

全书到这里差不多就结束了。最后，我再给您一条建议。

请找两张空白的 A4 纸，找一个安静的地方，给自己留十分钟时间。在其中一张纸上，写下你对于孩子未来发展的十条路径期待——别有压力，随心所欲，放飞思想。比如，我给我儿子写下的几条就包括：成为一个喜欢做饭，但更喜欢别人爱吃自己做的饭的好厨子；坚定地反对他爸爸的心理学思想，认为绝对理性才是人类出路的经济学人；不太喜欢玩游戏，但是喜欢做游戏的游戏策划。

等晚上回家后，你就可以让孩子来完成这个要求了，让他放飞思绪，想想以后，自己可以成为什么样的人，越详细越好。如果你的孩子暂时还不会写字，那需要你帮他写下来。然后，你们两个给对方分享各自的期待和想法，并简单说说为什么。

我上面的那三条，分别来自三个小想法：我儿子每次吃东西的时候，都爱问旁边的人"你也喜欢吃吗"。我儿子总是跟我对着来，所以我觉得他可能也不会接受我的学术思想。还有，我儿子玩游戏的时间远远少于跟我讨论游戏的时间。

那我也相信，你我的孩子都不会无缘无故地对未来产生某个具体的憧憬。

而这个作业的价值所在，其实并不是让你们找到一个未来发展的方向。毕竟，靠这样的方法来选择成长的路径，也实在太随意了些。

但这个作业可以让你明白，自己的想法跟孩子的想法之间，是存在着非常大的差距的。毕竟，你不是他，你的很多想法，他不理解，而他的很多态度，你也不明白。

这种互通有无，才是这个作业的价值。

而这种亲子之间彼此的信任、坦诚和爱，也是我们这本书的价值，更是让一个孩子得以健康成长的永恒基石。

附录：

能提高孩子情商的小游戏

悬崖站立

理念基础

在情商培养的最初阶段，我们需要有效地引导孩子进行自我认同的培养与联系。这其中非常重要的一步，就是要让孩子了解到自己控制外界的能力究竟有多强。基于这个认识，孩子才能对自己能力的高低、行为的边界、可能产生的影响力做到心中有数。能够产生这一效果的游戏和互动其实有很多。比如就算家长不刻意带领，孩子们也会自发进行并非常喜欢打闹游戏，这为孩子提供了施展体力锻炼的机会，更重要的是，这些互动也让孩子在一定基础上认识到了我是谁，我有什么样的力量。无论是我们熟悉的"枕头大战""掰手腕""摔跤"，还是日常互动中亲密地互相拍打、推挤和追跑，只要方法得当，都能为孩子提供一个能安全地感受和锻炼自身力量的机会。但这其中很多互动，都太过强调孩子要"用劲"，甚至"有多大劲就用多大劲"，却不联系孩子在触碰到行为边界时需要及时"收劲"，所以接下来以一个强调亲子间用力平衡的游戏——"悬崖站立"，来做补充。

游戏步骤

家长先从站立姿势转换为臀部与膝盖处弯曲的姿势，类似于蹲马步。

宝宝爬到家长的大腿上，尝试站立起来并尽力保持平衡。

初次试验，家长可以多用双手双臂辅助孩子。一开始，也可以让孩子牵住家长的两只手来保持平衡。

为了进一步提升难度，家长可以尝试松开一只手，让宝宝尝试牵住一只手站立。或者让宝宝改变朝向，从面朝家长改为背朝家长。

注意事项

安全第一！为了防止大人、小孩摔伤，优先选择在家里的空间较大，又有地垫保护的地方来做这个游戏。

如果孩子频繁失败，产生了负面情绪，或者感到恐惧，不敢爬这么高，可以进一步降低难度，把马步的姿势换成坐姿。在孩子进一步了解游戏规则并克服了负面情绪后，再调整难度。

神笔复原

理念基础

在情商培养的第二阶段，孩子与他人之间一对一的交流和关系成为主题。而从差不多两岁半开始，宝宝也产生了交友、与同龄人建立相对长期稳定关系的需求和能力了。然而很多爸妈在这时候却发现了新的挑战：宝宝总是不知道该如何加入别人正在进行的游戏，或者缺少与他人破冰交流的主动性。这时候，爸爸妈妈可以尝试帮助孩子更好地去与他人建立更稳定的关系，学着在内心给予他人一对一的交流预留更多的空间。对孩子来说，深化固化关系的最好方式之一，就是记住别人的姓名、长相甚至服饰特征，所以在此，推荐你们一家人玩一下这个"神笔复原"的游戏。

游戏步骤

在带宝宝出去玩之后，回到家，准备好纸张与画笔。

和宝宝一起用画笔，画出刚才认识的小朋友的样子，可以包括面孔、穿着，甚至其他具有小朋友个人属性的东西，比如对方"很有特色的红色滑步车"。

让孩子解读一下自己的画作，也可以跟父母讲讲之前和这位小朋友一起玩耍的经历和感受。

把画作保存起来，在孩子交到更多的朋友、画了更多的朋友画像时，还可以装订起来，让孩子时刻意识到"我有这么多不同的朋友"，帮助他梳理自己的人际关系。

注意事项

如果孩子记不起来小朋友的容貌特点或者服装特点，我们可以提前在孩子玩的时候，把他和小朋友玩耍的情景拍下来或者录下来，这个时候回放给孩子，也算是提个醒。

在孩子外出玩耍的时候，可以多鼓励孩子问问对方的名字并记下来，这样回家玩"神笔复原"的时候才会有更多的素材。

下次碰到同一个小朋友的时候，我们可以先从之前画的画入手，帮孩子回顾一下社交线索，这能帮助他迅速获得对方的好感，更快地加入共同的游戏。

情绪剪影

理念基础

在情商培养的第三个阶段，投身于网状的人际关系时，及时地觉察、识别甚至干预他人的情绪就显得特别重要。这也是通常意义上人们对"情商"的最直接理解。一方面，认识情绪是情绪管理的第一步，让孩子掌握通过种种线索识别他人情绪的方法，既能帮助他更好地面对自己的情绪，也能帮助他规避因为他人的负面情绪而产生的风险，还能让他拥有解决别人情绪困扰的技能基础。另一方面，及时精准地感知他人的情绪，也有助于培养孩子的共情能力，是与他人产生联结的重要方式和途径，更是提升群体关系质量的不二通路。为此，我们非常推荐家长与孩子一起来玩"情绪剪影"的游戏。

游戏步骤

关掉家里的灯光，只留一个定向光源，可以是手电筒，或者是手机的闪光灯。

通过这个光源，我们可以把自己的体态、轮廓与动作以影子的形式呈现在墙面上。

让孩子猜一猜我们想用身体表达什么样的情绪，也可以让孩子进一步谈一谈，可能是什么原因导致了这种情绪，以及产生了这种情绪时，我们应该怎么办。

我们还可以提出某种具体的情绪，来让孩子用他自己的影子加以展现，并进一步和孩子讨论这种情绪背后的含义与干预方法。

当然，我们也可以让孩子主动靠影子表现出某种情绪，我们来猜测并评议。

注意事项

如果游戏对于孩子来说难度太高，我们不妨在游戏之前，先降低一些难度，让孩子来学习识别与诠释情绪。比如，我们可以打印一些难过、害怕、生气、恐惧表情的图片，与孩子一起猜猜他怎么了，谈谈我们怎么才能帮他开心起来。

如果孩子在解释情绪或者提出情绪的干预方案时，有不太恰当的内容，千万别着急，这其实很正常。没有哪个孩子会无师自通地明白怎样最优处理各种各样的情绪。这个时候，不要着急否定孩子，而是应该引导他去认识到，他的解决方案可能会带来怎样的后果，而更好的解决方案，为什么会带来更好的结果。

我来当"头"

理念基础

在情商培养的最高水平，孩子对外界的影响力是最需要提升与保护的。这时候，孩子们所面对的挑战不仅仅有害羞和胆怯，还有对未知的恐惧——他们不知道自己提出管理上的要求后会不会面对挑战，也不知道登上平台展现自我的时候，会不会出问题。当孩子面对"一对多"交互中的未知而产生恐惧时，我们就有必要通过游戏来让他产生力量感和控制感，而其中最好的方式，就是在游戏中，让他拥有一种健康的、可以支配资源的权力。"我来当'头'"也是一种角色扮演游戏，其游戏规则其实很接近于"过家家"。这是因为"过家家"同样也是一个强调同伴社交的游戏，是我们在童年自发的对于情商的培养课程。相对于传统的"过家家"，"我来当'头'"更为强调孩子在其中所起到的对外界的影响力。

游戏步骤

打造一个涉及一人对多人管理的场景，比如幼儿园的一个班级。

让家长和玩具来充当孩子们，而我们的孩子则扮演老师的角色。

如果有必要的话，还可以在实体上多下点功夫，比如多找几个小椅子摆成一排，尽量贴近幼儿园班级的真实情况。

让孩子来制定规则、发号施令、做出管理。

家长也需要偶尔制造一些小麻烦，比如"不睡午觉"或者"不吃青菜"。

游戏结束后，可以让孩子谈谈家长作为被管理者，哪里做得好、哪里做得不好，家长也可以谈谈孩子作为一个管理者，又有哪些优点，哪些地方需要改进。

注意事项

游戏的初衷在于培养孩子的领导力，而不是让孩子体验说啥就是啥的皇帝感。所以在游戏的过程中，我们并不能对孩子的所有要求听之任之。当他的要求是孩子气的奇思妙想时，这当然可以，但如果他的要求是不平等的约束，我们也有必要让他知道，这样的影响力是很难得到配合的。

有些家长会比较反感让自家的男孩子来参加这种角色扮演类的游戏，但"过家家"这样的游戏互动并不是女孩子的专利，也不需要孩子们所有要扮演的角色都那么女性化。家长完全可以跳出"幼儿园班级"的框架，定制新的场景，让孩子和大人都能够比较好地融入，这也往往能带来更好的教育效果。